Das merkwürdige
Verhalten von
Schimpansen in
Kinderkleidung

Felicitas Auersperg

Das merkwürdige Verhalten von Schimpansen in Kinderkleidung

und andere
sozialpsychologische
Experimente

Orac

www.kremayr-scheriau.at
ISBN 978-3-7015-0594-4
© 2017 by Orac / Verlag Kremayr & Scheriau GmbH & Co. KG, Wien
Alle Rechte vorbehalten
Projektleitung und Lektorat: Sonja Franzke, vielseitig.co.at
Umschlaggestaltung: Silvia Wahrstätter, buchgestaltung.at
Unter Verwendung einer Illustration von Mark Airs / dpa Picture
Alliance / picturedesk.com
Typografie und Satz: Silvia Wahrstätter, buchgestaltung.at
Druck und Bindung: Christian Theiss GmbH, St. Stefan i. Lavanttal

Inhaltsverzeichnis

Einleitung

Tausende Psychologie-Studenten, die sich jährlich der Aufnahmeprüfung stellen, beweisen ebenso wie die inflationäre Konsultation durch die Medien das große Interesse an diesem Fach. Der Grund für diese Aufmerksamkeit liegt möglicherweise in der Hoffnung, mit Hilfe wissenschaftlicher Forschung Fragen zu beantworten, mit denen wir uns jeden Tag konfrontiert sehen, auf die wir aber keine befriedigende Antwort finden.

Die Psychologie scheint als Projektionsinstrument für die großen Probleme der Menschheit zu fungieren, mit denen sich Philosophen schon in der Antike herumschlugen. Diese Rätsel mit exakten naturwissenschaftlichen Methoden beantworten zu können, wirkt verführerisch und weckt die Erwartungshaltung, alltagspraktische Schwierigkeiten mit gut ausformulierten, ja sogar von renommierten Wissenschaftlern empfohlenen Strategien bewältigen zu können. Dieser Überfrachtung mit erwartungsvollen Forderungen kann die Psychologie natürlich nicht gerecht werden und reagiert mit einer Sprachlosigkeit, die sich hinter unverständlichen Formulierungen versteckt. Diese weckt bei ihren hoffnungsfrohen Interessenten zuweilen eher Ratlosigkeit als das ersehnte Verständnis von alltäglichen Problemen, die aus den Eigenheiten des menschlichen Geistes entstehen.

Die Ernüchterung nach den ersten Semestern des Studiums oder einem Blick in die aktuelle Fachliteratur ist daher häufig groß: Viele Fragestellungen der Psychologie wirken abgehoben und völlig losgelöst von den eigentlichen Bedürfnissen der Interessierten. Allzu biologische Ansätze wechseln sich mit hochkomplexen, eher philosophischen Abhandlungen ab. Dieser erste Eindruck wirkt häufig entmutigend und einschüchternd, obwohl die psychologische Literatur ausgesprochen brauchbare und oft sogar humorvolle Hinweise auf die Eigenheiten des Familien- und Berufslebens und die Merkwürdigkeiten menschlichen Verhaltens geben kann. Insbesondere die Sozialpsychologie eignet sich hervorragend, um einen Eindruck dieser praktischen Ausrichtung der Wissenschaft zu vermitteln.

In diesem Buch werden einige bekannte, aber auch weniger populäre sozialpsychologische Experimente vorgestellt, deren alltäglicher Nutzen meist weit über die kurze Diskussion am Ende jedes Kapitels hinausgeht.

Die Entscheidung, gerade die Sozialpsychologie und nicht einen der vielen anderen Forschungszweige der Psychologie in den Vordergrund zu stellen, fiel wegen ihrer besonderen Perspektive auf das menschliche Verhalten: Sie beschäftigt sich mit dem Einfluss der Gesellschaft auf das Individuum und umgekehrt den Möglichkeiten des Individuums, bewusst oder unbewusst auf die Gesellschaft einzuwirken. Natürlich wurden schon in der Antike Überlegungen zu diesen Fragen angestellt. Platon und Aristoteles setzten sich mit der Rolle Einzelner für größere Zusammenschlüsse von Menschen wie dem Staat auseinander. Auch in der späteren Philosophie finden sich unzählige Konzepte, die sozialpsychologische Problemstellungen erklären sollen, zum Beispiel im frühen 17. Jahrhundert jene von Thomas Hobbes. Die Inhalte der Sozialpsychologie sind also deutlich älter als sie selbst, wenn man die Institutionalisierung dieses Forschungszweigs als seine Geburtsstunde betrachtet. Erst im späten 19. Jahrhundert wurden die ersten experimentalpsychologischen Labors gegründet, wodurch die Emanzipation der Psychologie von ihrer Mutterdisziplin, der Philosophie, gelang. Der als Gründervater der Psychologie in Europa bezeichnete Wilhelm Wundt, seines Zeichens eigentlich Physiologe, prägte zu dieser Zeit die Entstehung der Sozialpsychologie mit seiner „Völkerpsychologie", die sich mit jenen Phänomen beschäftigte, die erst aus dem Zusammentreffen mehrerer Individuen entstehen. In seinen Augen entzogen sich diese komplexen psychologischen Erscheinungen der sauberen experimentellen Erforschung. Dennoch wurde das Experiment eine der zentralen Methoden der Sozialpsychologie. Als die Sozialpsychologie sich als psychologische Disziplin etablieren konnte, nahmen gleich mehrere internationale „Ideen-Vorläufer" Einfluss, die es unmöglich machen, den Tag ihrer Entstehung genau festzulegen. Die ersten bekannten Experimente mit diesem Schwerpunkt wurden bereits in der zweiten Hälfte des 19. Jahrhunderts durchgeführt.

Die in diesem Buch beschriebenen Experimente stammen ausschließlich aus dem 20. Jahrhundert.

Diese Einschränkung wirft möglicherweise Fragen auf: Aus welchem Grund sollte man sich mit zum Teil beinahe hundertjährigen Untersuchungen befassen, die schon lange veraltet sind? Hat die Sozialpsychologie in den letzten 20 Jahren nichts Neues hervorgebracht?

Sich mit der Geschichte einer Wissenschaft zu befassen, ist für viele Studierende zunächst wahrscheinlich ein rätselhaftes, vielleicht sogar exzentrisches und ein wenig verschrobenes Interesse, das kaum Einfluss auf ihren späteren Erfolg als Psychologen und Psychologinnen nimmt und auch für die Beantwortung alltagspraktischer Fragen keine Rolle spielt. Der Charme der Wissenschaftsgeschichte wird erst mit kleinen Episoden und Anekdoten offenkundig, die verdeutlichen, dass der Weg zur Erkenntnis nicht nur ausgesprochen holprig, sondern auch von zwischenmenschlichen Verirrungen und biografischen Brüchen geprägt ist. Leitsterne der Psychologie wie Wilhelm Wundt, Hermann Ebbinghaus oder Philip Zimbardo waren oder sind eben auch nur Menschen, deren Forschungsdrang manchmal nur durch das wütende Einschreiten ihrer entsetzten Ehefrauen (mehr dazu im Kapitel „Die Finsternis in Menschenherzen") gebremst werden konnte – wobei anzumerken ist: Auch wenn in den hier dargestellten Untersuchungen mehr männliche Versuchsleiter vorgestellt werden, spielen Frauen in der Psychologie keineswegs nur als Unterstützerinnen im Hintergrund eine wichtige Rolle. Psychologinnen wie Charlotte Bühler prägten sie bereits zu Beginn des 20. Jahrhunderts entscheidend. Durch die Beschäftigung mit ihrer Vergan-

genheit lässt sich die beinahe abenteuerliche Anfangs-
stimmung der psychologischen Forschung erahnen, die
heute zum Großteil langweiligen Berechnungen von
Daten gewichen ist, die nur bestätigen sollen, was man
schon vorher wusste. Ihre Pioniere behalfen sich mit äußerst gewitzten und kreativen Versuchsanordnungen,
wenn es darum ging, die Komplexität menschlicher Begegnungen einzufangen. Fragestellungen wurden zum
Teil jahrelang verfolgt und ohne den Druck, rasch pu-
blizieren zu müssen, aus mehreren Perspektiven bear-
beitet, wobei der Spaß dabei laut manchen Psychologen
keineswegs zu kurz kommen sollte (siehe Kapitel „Als ein
Reißverschluss beinahe die Rettung der Welt verhindert
hätte"). Außerdem finden sich in älteren Studien, die
bereits Berühmtheit erlangt haben, jene Vorannahmen,
auf die sich die Wissenschaft heute selbstverständlich
beruft, sehr häufig ohne sie überhaupt in Frage zu stellen. Beschäftigt man sich mit diesen Untersuchungen
im Original, wird schnell klar, dass sie zum Teil eklatan-
te methodische Mängel aufweisen, falsch zitiert und in
ihren Überlieferungen oft geschönt dargestellt werden.
Genauso spannend sind jene älteren Experimente, die
es nicht zu besonderer Beliebtheit in der Psychologie
gebracht haben und in Lehrbüchern, wenn überhaupt,
nur in einem Nebensatz erwähnt werden, geben sie
doch Aufschluss darüber, wie viele Alternativen es zur
heutigen Ausrichtung der Forschungsrichtung gegeben
hätte und welche oft völlig irrationalen Faktoren dazu
führten, dass bestimmte Zweige gekappt wurden. Die
Einbettung in den geschichtlichen Hintergrund zeigt

auf, dass bestimmte Fragestellungen nur in kurzen Zeit-
fenstern eine Chance hatten und dass gesellschaftliche Entwicklungen, die auf den ersten Blick nur wenig
mit Wissenschaft zu tun haben, erheblichen Einfluss
darauf nehmen, welcher Inhalte sich die Forschung
annimmt. Geschichte wird meist mit der Absicht verfasst, den eigenen Werdegang zu erklären und seinen
Ausgang als scheinbar alternativenlosen Entwicklungs-
höhepunkt zu deuten. Die vielen Irrtümer, denen die
Wissenschaft unterworfen ist, machen aber deutlich,
dass dieser verklärte Rückblick nur eine Konstruktion
ist. Die hier dargestellten Experimente wurden bewusst
mit der Absicht gewählt, eine ausgewogene Mischung
aus in diesem Konstrukt – das ja auch zur Stabilisierung
des Selbstverständnisses der Psychologie dient – etablierten Experimenten abzubilden. Sie enthält sowohl
berühmte Untersuchungen, die das Verständnis von
Sozialpsychologie in der Medienlandschaft prägen, als
auch solche Versuche, die heute beinahe in Vergessenheit geraten sind. Zusätzlich dienen die ausgewählten
Experimente als Beispiele für den eingangs erwähnten
Alltagsbezug und Humor, der in vielen psychologischen
Studien zu finden ist. Die beschriebenen, oft witzigen
und zugleich aussagekräftigen Untersuchungen und die
genialen Köpfe, die hinter ihnen stehen, sollen auch
Nicht-Psychologen zeigen, was mich an diesem Fach
so begeistert: der die ganze Forschungsrichtung domi-
nierenden Wunsch zu verstehen, ohne dabei auf Krea-
tivität und Flexibilität zu verzichten. Die merkwürdige
Sonderstellung der Psychologie zwischen Natur- und

Geisteswissenschaft eröffnet eine in kaum einer anderen Wissenschaft erreichte Freiheit, ungewöhnliche Fragestellungen zu bearbeiten, die von vielen ihrer in diesem Buch vorgestellten Vertreter voll ausgeschöpft wurde.

Die beflügelnde Wirkung von Hängebrücken

Elegante Restaurants sind für viele der perfekte Rahmen, um jemandem näherzukommen oder eine langjährige Partnerschaft aufzufrischen. Aber haben Sie schon einmal darüber nachgedacht, Ihr nächstes Rendezvous an einen abenteuerlicheren Ort zu verlegen? In diesem Fall gilt: Mut wird belohnt!

Schwitzende Hände, klopfende Herzen, Engegefühl im Hals und leichte Übelkeit – ist Ihnen schon einmal aufgefallen, dass die Symptome keimender Liebe jenen einer Magen-Darmerkrankung zum Verwechseln ähnlich sind? Versucht man, sich mit all seiner Empathie in die Lage Betroffener zu versetzen, um diese ersten Anzeichen nachzuempfinden, werden den meisten Menschen eine Reihe anderer, kaum angenehmerer Szenarien in den Sinn kommen: schwierige Prüfungen, Staus auf der Autobahn, Samstagnachmittage im Einkaufszentrum und vielleicht das zögerliche Überqueren einer langsam im Wind schaukelnden Hängebrücke.

Genau zu dieser Hängebrücke führt uns das von den Psychologen Arthur Aron und Donald Dutton durchgeführte Experiment, bei dem sie im Jahr 1974 arglose Passanten über einem Abgrund des Capilano Canyons in British Columbia in ein ungewöhnliches Versuchsdesign verwickelten. Die 140 Meter lange Capilano Canyon Suspension Bridge führt in 70 Meter Höhe über eine beschauliche Schlucht: Überquerende blicken auf die Baumkronen majestätischer Douglasfichten, auf Kiesbetten, die geheimnisvoll schimmerndes, dunkelgrünes Wasser umsäumen, und in den sicheren Tod, sollten sie auf der für ihr Quietschen und Schwanken bekannten frei schwingenden Hängebrücke, die kaum breiter ist als der Reifen eines Lkws, plötzlich den Halt verlieren.

Diese ein wenig destabilisierenden Bedingungen machten sich Aron und Dutton zunutze, um die Geheimnisse menschlicher Anziehung zu erforschen. Unter welchen Bedingungen empfinden wir unser Gegenüber als attraktiv? Welche Faktoren führen dazu, dass eine Zufallsbekanntschaft tatsächlich wie versprochen anruft? Und inwiefern könnten Horrorfilme dazu beitragen, sich näher zu kommen?

Eine unerschrockene Studentin erklärte sich dazu bereit, den Lockvogel zu spielen, und platzierte sich in der Mitte der Capilano Suspension Bridge, um den Abgrund überquerende Männer zwischen 18 und 35 Jahren zu befragen. Die von dem unkonventionellen Untersuchungsort vermutlich ein wenig überraschten Spaziergänger füllten einen Fragebogen aus und sollten danach eine Geschichte zu einem Bild erzählen, das die Studentin ihnen zeigte. Sobald die fingierte Untersuchung vorbei war, erklärte die attraktive junge Frau, dass sie die Absichten und Ergebnisse ihrer Studie gerne jederzeit bei einem Kaffee darlegen würde, riss ein kleines Stück Papier vom Fragebogen ab, auf das sie ihre Telefonnummer kritzelte, und händigte der Versuchsperson die Nummer aus.

Genau mit derselben Vorgehensweise versuchte dieselbe junge Dame an einer ungleich weniger beeindruckenden Stelle ihr Glück. Diese Kontrolluntersuchung fand auf einer stabilen, breiten Brücke mit hohem Geländer statt, die nur wenige Meter über dem Wasser einen komfortablen Weg zur Überquerung bot. Eigentlich ideale Bedingungen für einen kleinen Flirt, so ganz ohne das mulmige Gefühl, auf einer quietschenden, unsicheren Hängebrücke über Baumkronen zu schaukeln, oder? Überraschenderweise gingen aber deutlich weniger junge Männer (nämlich nur 12,5 Prozent) auf das freundliche Angebot der attraktiven Studentin, sie anzurufen, ein, wenn diesem der begleitende Nervenkitzel fehlte. Im Vergleich dazu hatte die Frau auf der Brücke im Capilano Canyon deutlich größeren Erfolg: Etwa 50 Prozent der von ihr angesprochenen Versuchspersonen riefen sie noch am selben Abend an. Außerdem unterschieden sich die Bildergeschichten, die auf der Hängebrücke entstanden waren, deutlich von jenen, die auf der sicheren, breiten Fläche der Kontrollbrücke entstanden sind. Sie wiesen beinahe doppelt so häufig mit Sexualität assoziierte Inhalte auf.

Wie war es zu diesen signifikanten Unterschieden gekommen? Aus welchem Grund war die junge Frau auf einer Brücke, die wegen ihres eindringlichen Quietschens und Knatschens als „Laughing Bridge" bekannt ist, so viel begehrenswerter als in einer weniger bedrohlichen Situation?

Um eine befriedigende Antwort auf diese Frage geben zu können, werfen wir einen Seitenblick in die biologische Psychologie. In belastenden Situationen, die Angst auslösen, reagiert der Körper mit der Ausschüttung von Hormonen, die uns zu größtmöglicher Leistung befähigen sollen. Dabei verändert sich die Atmung, das Herz schlägt spürbar schneller, die Pupillen werden größer und die Blutgefäße ziehen sich zusammen. Diese Erregungsphänomene verbinden wir mit einem Auslöser, wir suchen also den Grund für unsere körperliche Reaktion, der meist unmissverständlich auf der Hand liegt: ein unmittelbar bevorstehender unangenehmer Termin, eine Spinne, die plötzlich über unseren Fuß krabbelt, oder ein merkwürdiges Geräusch im Nebenzimmer.

Im hier beschriebenen Hängebrücken-Experiment gibt es allerdings zwei mögliche Auslöser für die vielen mit Stress verbundenen körperlichen Reaktionen: Natürlich die beeindruckende, wenig einladende Hängebrücke, aber eben auch die attraktive Studentin, die den Versuchspersonen ihre Nummer zusteckte. Die jungen Männer, die mitten auf der Suspension Bridge angesprochen wurden, konnten kaum zwischen den von der Frau ausgelösten und den von der alarmierenden Location verursachten Gefühlen unterscheiden. Klopfte ihr Herz so, weil sie gerade ein wenig zu lang nach unten auf die in 70 Meter Entfernung schimmernden Kieselsteine gesehen hatten, oder waren sie dabei, sich zu verlieben? Könnte der schelmische Blick der sie befragenden Studentin verantwortlich für die plötzlich schwitzenden Handflächen sein, oder lag es doch eher an den quietschenden Geräuschen der unangenehm dünnen Trägerseile? Die in dieser ungewöhnlichen Situation aufkommenden Gefühle konnten also dem von Aron und Dutton engagierten Lockvogel zugeschrieben werden. Auf der sicheren, stabilen und weniger malerischen Brücke konnte es nicht zu solchen Verwirrungen kommen, weshalb die Versuchspersonen in diesem Setting deutlich seltener die Telefonnummer der Studentin wählten.

>> Alltäglicher Nutzen des Aron und Dutton-Experiments

Das von Aron und Dutton durchgeführte Experiment zeigt eindrucksvoll, wie alltagsnah psychologische Forschung ausfallen kann, wenn sie sich mit Fragen beschäftigt, die Menschen tatsächlich bewegen. Zum einen liefert es eine wunderbare Strategie, um interessant erscheinende Menschen von sich zu überzeugen: Eine Fahrt mit der Hochschaubahn oder eben das gemeinsame Ansehen eines Horrorfilms könnten beispielsweise durchaus unterstützend wirken. Zum anderen war diese Untersuchung der Grundstein für eine

18

Reihe von Folgestudien, die ein wenig Licht in die Erforschung gut funktionierender Beziehungen bringen konnten.

Neuere Studien bestätigen den von Aron und Dutton beschriebenen Effekt in unterschiedlichen Anordnungen. Die Psychologen Meston & Frohlich untersuchten zum Beispiel 2002 die Auswirkungen von Fahrten mit der Hochschaubahn auf die Einschätzung von Attraktivität. So profitieren auch langjährige Partnerschaften von gemeinsamen aktivierenden Erfahrungen, und ein Tag im Kletterpark könnte stabilisierender wirken als jeder Schnulzenmarathon im Kino. Außerdem wirft die Erkenntnis, dass Emotionen offenbar fehlattribuiert werden können, Fragen auf, die zeigen, wie wenig wir über die menschliche Emotionsverarbeitung wissen und wie viel komplexer die menschliche Psyche ist, als wir es ihr unterstellen.

Wer Genies sucht, findet sie

*Schüler wissen: Manchmal entscheidet viel weniger der Inhalt
als der Name auf dem Umschlag des Schularbeitsheftes,
mit welcher Note ihre Bemühungen belohnt oder bestraft
werden. Rosenthal und Jacobson untersuchten dieses
Problem, das auch im Alltag von Erwachsenen eine wichtige
Rolle spielt.*

Die Geschichte von Pygmalion ist, wie so viele griechi-
sche Mythen, geprägt von sexuellen Verwirrungen und
Verirrungen: Der Bildhauer Pygmalion beschäftigte
sich so intensiv mit einer seiner Statuen in Gestalt einer wohlgeformten Frau, dass er sich nicht mehr damit
begnügen konnte, an ihrer zierlichen Nase zu meißeln,
sondern begann, sich angeregt mit ihr zu unterhalten,
sie zu pflegen und sie nach ihrem Befinden zu fragen,
bis er sich schließlich in sie verliebte. Was heute als
Fetisch oder sogar als eine beginnende Psychose diag-
nostiziert werden würde, war zu Pygmalions Zeit kein
echter Grund zur Besorgnis, sondern nur ein Motiv,
um Kontakt zu den Göttern zu suchen. Er rief also am
Festtag der Aphrodite, die Göttin der Liebe, an und bat
sie inständig, ihm eine Frau zu schicken, die nach dem

Ebenbild seiner geliebten Statue geformt sein sollte. Gerührt von Pygmalions Leidenschaft für die von ihm selbst geschaffene Figur, beließ es Aphrodite nicht bei einem solchen bescheidenen Abklatsch, sondern entschloss sich, ihre Macht zu beweisen, indem sie der bis dahin kalten und harten Statue Leben einhauchte.

Zusammenfassend lässt sich festhalten: Indem Pygmalion seine Statue behandelte wie einen Menschen, schuf er die Grundvoraussetzungen, um sie zu einem Menschen werden zu lassen.

Robert Rosenthal und Leonore Jacobsen, zwei US-amerikanische Psychologen, wollten herausfinden, welchen Einfluss die Erwartungshaltung von Lehrern auf die Entwicklung ihrer Schüler hat. Das Experiment, das sie dazu an einer Schule durchführten, und der daraus resultierende sogenannte Pygmalion-Effekt, verhalfen der mythologischen Figur auch in diesem Fachgebiet zu unsterblichem Ruhm.

Angeregt durch ein wenige Jahre zuvor, 1963, von Rosenthal und Fode durchgeführtes Ratten-Experiment, entschlossen sich die beiden Wissenschaftler zu untersuchen, ob und wenn ja, inwieweit die Erwartungen von Lehrern Einfluss auf die Leistungen ihrer Schüler haben. Im Vorläuferexperiment wurden Psychologiestudenten (die die eigentlichen Versuchstierchen in dieser Studie waren) mit Ratten ausgestattet, denen entweder nachgesagt wurde, besonders intelligent, oder aber eher unterdurchschnittlich begabt zu sein. Tatsächlich gab es überhaupt keine Unterschiede zwischen den angeblich schlauen oder dummen Ratten und sie waren den beiden Gruppen nach dem Zufallsprinzip zugeteilt worden. Trotzdem erzielten die Ratten, je nach der vorangegangenen Etikettierung, entweder sehr gute oder besonders schlechte Ergebnisse bei der Lösung eigens konzipierter Rattenrätsel. Was mag der Grund für diese überraschenden Ergebnisse gewesen sein? – Er liegt in den Erwartungen der Studierenden, die die Ratten für die bevorstehenden Aufgaben trainiert hatten. Während jene angehenden Psychologen, denen angeblich ausgesprochen dumme Ratten zugeteilt worden waren, ihre Schützlinge möglicherweise mit wenig Hoffnung auf Erfolg trainiert hatten, vermutete Rosenthal, dass die anderen Studenten ihre vorgeblich hochintelligenten Nagetiere ebenfalls im Sinne ihrer Erwartungen an sie behandelt und schließlich auch beurteilt hatten. Abhängig von den Erwartungen, die an die pelzigen Rätsellöser gerichtet worden waren, schienen sich also deren Leistungen zu verändern.

Schon dieses Experiment ist für die heutige Psychologie von großem Wert, da es verdeutlicht, wie sehr die Erwartungen und Hoffnungen oder auch Befürchtungen des Versuchsleiters die Ergebnisse einer Studie verfälschen können. Doch was haben diese Ergebnisse für schlechte Schüler zu bedeuten, die sich ihren Lehrern häufig ebenso ausgeliefert fühlen , wie es auch die Versuchsratten im von Rosenthal und Fode durchgeführten Experiment getan haben müssen? Dieser Frage versuchten Rosenthal und Jacobson nachzugehen, indem sie im Jahr 1965 in einer amerikanischen Grundschule Tests durchführten, die noch vor Beginn des

Schuljahres Informationen über die Intelligenz und das Entwicklungspotenzial der Schüler geben sollten. Die sogenannten Tests of General Ability, abgekürzt TOGA, wurden aus den umfangreichen Testbibliotheken der Psychologie ausgewählt, da sie einerseits nicht nur erlernbares, schulspezifisches Wissen abfragten, und andererseits den meisten Lehrern mit großer Wahrscheinlichkeit nicht vertraut waren. Ihnen wurde gesagt, dass die Psychologen mit einem bekannten, an der Harvard University entwickelten Test arbeiteten und die Ergebnisse ihnen Auskunft über die später zu erwartenden schulischen Entwicklungen der Schüler geben würden. Tatsächlich war der gewählte Test allerdings nicht zu einer solchen Prognose fähig. Dennoch wurden in jeder der sechs getesteten Klassen einige Kinder identifiziert, von denen die Psychologen Rosenthal und Jacobson im Brustton der Überzeugung behaupteten, es handle sich um Genies, die kurz vor ihrem intellektuellen Aufblühen stünden. Sie wären nur mehr wenige Monate von einem Entwicklungsschub entfernt, der ihnen den schulischen Durchbruch ermöglichen würde.

Wie Sie wahrscheinlich schon vermutet haben, waren diese Ergebnisse frei erfunden und die angeblich bald strebsamen und an ihrem schulischen Erfolg hochinteressierten Schülern, die gar nichts von ihrem Glück ahnten, waren völlig zufällig und ohne bestimmte Kriterien zu berücksichtigen ausgewählt worden. Diese Kinder unterschieden sich also, was ihre zu erwartende schulische Entwicklung betrifft, nicht von allen anderen Schülern, die getestet wurden.

Am Ende des Schuljahres wurden die TOGA-Tests wiederholt und die echten Testergebnisse der Kinder wurden mit den zu Beginn erhobenen Daten verglichen. Ganz ähnlich wie bei den Ratten im eingangs erwähnten Experiment hatten sich die Resultate signifikant verändert. Jene Schüler, die als besonders intelligent und kurz vor einem Entwicklungsschub stehend charakterisiert worden waren, waren wirklich aufgeblüht und konnten mit beachtlich gesteigerten Ergebnissen in den Tests glänzen. Hatten ihre Lehrer erwartet, dass sich ihre schulischen Leistungen verbessern würden, war es nach kurzer Zeit tatsächlich so gekommen. Besonders stark waren die beobachteten Effekte bei den jüngeren Schülern in den unteren Schulstufen zu bemerken.

Wie konnte es zu diesen Veränderungen kommen, waren doch bei der ersten Testung keine auffälligen Unterschiede zwischen den Kindern festgestellt worden?

Sobald ein Schüler einmal als besonders gut, oder auch als besonders schlecht, bekannt ist, spricht sich sein Status unter Lehrern sehr schnell herum und die Erwartungen gleichen sich dem Ruf, der ihm vorauseilt, an. Schüler, die zu Beginn ihrer Laufbahn als unkonzentriert, unmotiviert oder ganz einfach unangepasst auffallen, zeichnen mit großer Wahrscheinlichkeit schon in der Unterstufe ihre weitere Schulkarriere vor. Viele Schüler nehmen sich jedes Jahr erneut vor, diesmal alles anders zu machen, jede Hausübung zu bringen, alle Anwesenheitspflichten zu erfüllen und auch sonst zum Vorzeigeschüler zu mutieren. Rosenthal und Jacobson zeigten mit ihrem Experiment, dass dieses Vorhaben in den allermeisten Fällen von Anfang an zum Scheitern verurteilt ist. Waren Sie einmal im Lehrerzimmer als aufsässig oder faul oder ganz einfach dumm verschrien, so waren auch die intensivsten Nachhilfekurse, die buntesten neuen Stifte und die am liebvollsten verzierten Schulübungsmappen beinahe wirkungslos, um etwas an der einmal populär gewordenen Meinung zu verändern. Und nicht nur die Meinung der Lehrer war gefestigt, sondern auch das Selbstverständnis und die Bereitschaft von Schülern, Leistung zu zeigen, wird von deren Einschätzungen mitbestimmt. Werden sie jahrelang behandelt, als wäre von Ihnen sowieso nichts zu erwarten, so gibt es wohl kaum einen Grund, sich besonders viel Mühe in der Erfüllung scheinbar willkürlich gewählter Aufgaben und Schikanen zu geben. Zudem, und das ist die wirklich erschütternde Botschaft des geschilderten Experiments, ist es für Kinder, denen von Respektpersonen immer wieder zu verstehen gegeben wird, dass sie nicht leistungsfähig sind, besonders schwierig, an den eigenen Erfolg zu glauben und motiviert zu bleiben. Das bedeutet, dass die Erwartungen der Lehrer das Verhalten der Schüler unmittelbar beeinflussen und unbeabsichtigt zu eben jenen schlechten Leistungen führen können, die im Lehrerzimmer bei einer Tasse Kaffee bedauernd kommentiert werden.

Natürlich passiert das nicht in böser Absicht und kann für Schüler, die sich früh genug den Ruf erarbeitet haben, überaus fleißig und intelligent zu sein, zum Vorteil werden. Ihnen wird mit großer Freundlichkeit und der Bereitschaft zur Förderung begegnet und an ihnen wird sichtbar, zu welchen Erfolgen Lehrer Kindern bei verständnisvoller, wohlwollender und respektvoller Betreuung verhelfen können. In Videoanalysen nachfolgender Studien konnte beobachtet werden, dass gute Schüler besonders für ihre Antworten gelobt werden, zu ihnen am häufigsten Augenkontakt gesucht wird und sie auch oft angelächelt werden. Die Folge dieses Verhaltens ist, dass gute Schüler im Vergleich zu schlechten Schülern lieber in die Schule gehen, nicht so häufig krank werden oder schwänzen und mehr Arbeit in die sorgfältige Vorbereitung von Aufgaben, Projekten und Präsentationen investieren. Wie gute Arbeitgeber schaffen es Lehrer in diesem Setting durch Lob und nicht durch Tadel oder Entwertungen, das Beste aus ihren Schülern herauszuholen.

>> Alltäglicher Nutzen des Rosenthal und Jacobson-Experiments

Das hier beschriebene Experiment von Rosenthal und Jacobson zählt zu den wichtigsten Untersuchungen der Psychologie des zwanzigsten Jahrhunderts. Nicht nur wegen seiner methodischen Implikationen, die gleich ausführlicher beschrieben werden, sondern insbesondere wegen der Erleichterung, die es bei vielen schlechten Schülern beim Lesen auslöst. Natürlich ist es unerfreulich, den negativen Pygmalion-Effekt am eigenen

Leib zu erfahren, die psychologischen Gründe für ihn zu kennen, kann aber die durch viele Lehrer (unabsichtlich) ausgelösten besonders schmerzvollen Befürchtungen, dumm zu sein und niemals Erfolg haben zu können, zumindest ein bisschen beruhigen.

Auch für die Schulpsychologie waren die Ergebnisse von Rosenthal und Jacobson von großer Relevanz. In wie weit sie Auswirkungen auf die Praxis hatten, sei dahingestellt. Gerade schlechte Schüler, deren Leistung aus vielerlei Gründen wie familiären Belastungen, Problemen im Freundeskreis, biologischen Veränderungen oder dem Mangel an geeigneter Förderung zu wünschen übrig lassen kann, sollten besonders in den Fokus der wohlwollenden Aufmerksamkeit aller Lehrer rücken. Die Zuwendung zu diesen Schülern muss nicht besonders zeitintensiv gestaltet werden. Schon regelmäßig eingesetztes Lob statt offen gezeigte Enttäuschung kann sehr motivierend wirken und zu den von Rosenthal und Jacobson fingierten Durchbrüchen führen. Auch in der Arbeitswelt sind ähnliche Effekte zu beobachten. Selbst für Partnerschaften scheinen die Rosenthal und Jacobson Studien äußerst wertvoll zu sein. Regelmäßig vorgebrachte, aber eigentlich grund- und haltlose Vorwürfe könnten Ihr Gegenüber dazu veranlassen, Ihren düsteren Anschuldigungen endlich gerecht zu werden!

Methodisch ist das Experiment von Rosenthal und Jacobson für die Psychologie von großem Interesse: Ihre Ergebnisse zeigen, wie sehr die Erwartungen eines Beobachters das Verhalten seiner Probanden verändern können. Diese Erkenntnis ist für eine Wissenschaft, die sich darauf beruft, das Verhalten von Menschen zu beobachten, ohne einzugreifen, natürlich brisant, deutet sie doch darauf hin, dass sich Versuchsleiter nie ganz aus ihren Experimenten heraushalten können und dass so viele Studien, auf die sich die Psychologie seit Jahrzehnten beruft, verfälscht worden sein könnten.

Tice – Veränderung des Selbstkonzepts
Fake it till you make it

*Zu Beginn jedes Jahres braut sich in vielen Köpfen eine
zunächst verschwommene, aber dann immer dringlicher
scheinende Idee zusammen: „Dieses Jahr wird alles anders!"
Die Lust auf Veränderung konzentriert sich meist auf die
eigene Person, scheint aber spätestens mit dem letzten
Schnee zu schwinden. Wie das Sprichwort „Fake it till you
make it" im nächsten Jahr zu mehr Erfolg führen könnte,
wird in diesem Kapitel beschrieben.*

Psychologen, Psychotherapeuten und Psychiater beschäftigen sich seit der Institutionalisierung ihrer Pro-
fessionen mit der Frage, auf welche Weise Menschen
andere, aber auch sich selbst, wahrnehmen und welche
Faktoren hierbei entscheidend sind. Schnell konnte
festgestellt werden, dass Urteile über Mitmenschen sehr
rasch gefällt werden: Die Beobachtung weniger Merkmale reicht aus, um zu einer „impliziten Persönlichkeitstheorie" zu gelangen, einem Schema, das durch die
Wahrnehmung einiger weniger Charakteristika akti-
viert und durch die bis zu diesem Zeitpunkt gesammel-
ten Erfahrungen gespeist wird. Die Geschwindigkeit,
mit der zwischenmenschliche Begegnungen im Alltag

29

ablaufen, setzt voraus, dass die Psyche in der Lage ist, in wenigen Sekunden ein Bild des Gegenübers zu konstruieren, das sich auf die wenigen Informationen stützen muss, die in diesen Augenblicken zugänglich sind. Diese spärlichen Eckdaten wie zum Beispiel die Haarfarbe, der Zustand der Schuhe, eine ungewöhnliche Art zu formulieren oder auch ein winziger Ausschnitt aus dem Verhalten eines Menschen müssen erweitert werden, um zu einem vorläufigen Urteil zu kommen. Dafür werden eigene Erfahrungen oder durch die Medien kolportierte Stereotype herangezogen. Die implizite Persönlichkeitstheorie bildet also die kognitive Grundlage für Vorurteile und führt zu seichten und unzureichenden Einschätzungen. Sie ermöglicht es aber auch, schnell zu entscheiden, ob das Gegenüber vertrauenswürdig und sympathisch ist und ob ein Gespräch gesucht oder lieber vermieden werden sollte.

Wie wird das Selbst eingeschätzt, über das viel mehr Informationen vorliegen, die sich zum Teil widersprechen und die deutlich differenzierter und komplexer sind als diese kurzen Eindrücke, die anderen gewährt werden? Welche Informationen ermöglichen die Meinungsbildung über die eigene Persönlichkeit? Und für Psychotherapeuten, Psychologen und Psychiater besonders interessant: Was passiert, wenn diese Einschätzung der eigenen Person allzu kritisch ausfällt oder keineswegs zu jener Einschätzung passen will, zu der Beobachter kommen? In diesen Fällen ist es durchaus erstrebenswert, das Selbstbild zu verändern. Menschen, die unter Depressionen leiden, haben üblicherweise keine gute Meinung von sich, selbst, wenn sie aus der Perspektive nicht direkt Beteiligter geschätzte und wertvolle Persönlichkeiten sind. Eine lohnende Fragestellung für die Psychologie ist daher, ob die Meinung über sich selbst, das „Selbstkonzept", veränderlich ist und wenn ja, welche Faktoren diese Veränderungen begünstigen.

Dianne M. Tice, die 1987 an der Princeton University promovierte, beschäftigte sich Anfang der 1990er-Jahre mit dieser Problemstellung, bevor sie sich der Erforschung der Selbstregulation verschrieb. Mit der Hypothese, dass Menschen nur ein begrenztes Maß an Kontrolle und Willenskraft zur Verfügung steht, das sich im Laufe des Tages mit jeder widerstandenen Versuchung, wie abgelehnten Süßigkeiten oder der verlockenden morgendliche Rückkehr ins noch warme Bett, erschöpft, erregte sie Aufmerksamkeit. Die Autorin zahlreicher wissenschaftlicher Publikationen lehrt derzeit unter anderem Sozialpsychologie und Allgemeine Psychologie an der Florida State University.

Fasziniert von einem Phänomen, das heute in der Küchenpsychologie unter der Wendung „Fake it till you make it", also etwa „Tut so als ob, bist du zu dem wirst, was du darstellst" bekannt ist, sammelte Dianne Tice die 1992 verfügbare Literatur zum Selbstkonzept und zu den Veränderungen, denen es unterworfen ist. Viele Untersuchungen wiesen darauf hin, dass Menschen, sobald sie sich auf eine bestimmte Art und Weise verhalten, also zum Beispiel als ob sie selbstbewusst wären oder als ob sie einfühlsam wären, dieses Verhalten bald internalisieren und sich selbst tatsächlich als selbstbewusster oder einfühlsamer wahrnehmen. Den Grund für diesen Internalisierungsprozess vermutet die Sozialpsychologie in der kognitiven Dissonanz (siehe Kapitel Festinger – Kognitive Dissonanz), also dem unangenehmen Spannungsgefühl, das daraus entstehen würde, wenn beobachtbares Verhalten und Charakterzüge nicht zusammenpassten. Dieses Spannungsgefühl wird verhindert oder abgebaut, indem die zunächst nicht ins Selbstkonzept passenden neuen Verhaltensweisen möglichst schnell integriert werden. Hält sich jemand also zum Beispiel für feig, wird aber immer wieder dazu angeregt, Dinge zu tun, die Mut erfordern, so wird diese Person ihr Selbstkonzept erweitern müssen und sich sagen: „Ich kann gar nicht so feig sein, immerhin konnte ich mich gerade zu etwas überwinden, was viele andere sich nicht trauen würden. Vielleicht bin ich sogar mutig!" Besonders spannend ist die Erkenntnis, dass neue Verhaltensweisen zwar das Selbstkonzept verändern, das Selbstbild aber umgekehrt auch großen Einfluss auf das gezeigte Verhalten nimmt. Hält sich jemand also für feig, dann werden seine Taten von dieser Überzeugung beeinflusst und er könnte tatsächlich zögerlicher und ängstlicher agieren als nötig. Erst durch die bewusste Anstrengung, diese Verhaltensmuster zu unterbrechen, hat ein neues Selbstbild die Chance, sich zu etablieren.

Einige Studien wiesen zum Zeitpunkt von Tices Forschungsbemühungen darauf hin, dass der beschriebene Internalisierungsprozess besonders verlässlich einsetzt, wenn die betroffene Person von anderen beobachtet wird. Dennoch konzentrierten sich die ersten Ansätze zur Erklärung von Veränderungen im Selbstkonzept auf die Charakteristika von Einzelpersonen und vernachlässigten soziale Faktoren, die ebenfalls auf das Selbstkonzept einwirken. Dianne Tice beschloss, eben diese sozialen Bedingungen und Einflüsse in den Vordergrund zu rücken. Sie vermutete eine Verzerrung älterer Studien, deren Designs immer das Beisein anderer Personen vorsahen. Würde der Internalisierungsprozess mit ebensolcher Leichtigkeit einsetzen, wenn die Versuchspersonen sich unbeobachtet fühlten?

Menschen verhalten sich im Beisein ihrer Mitmenschen unter Rücksichtnahme auf die Hintergrundinformation, dass ihr Benehmen nicht nur beobachtet wird, sondern auch die Grundlage zur Einschätzung ihrer Person bildet, also zur impliziten Persönlichkeitstheorie, die sie bei anderen auslösen. Sind sie allein, so müssen sie sich keine Gedanken über den Eindruck machen, den sie eventuell hinterlassen. Die Psychologin Dianne Tice fand Hinweise darauf, dass Verhalten, das in der Öffentlichkeit bzw. im Beisein anderer Menschen stattfindet, das Selbstkonzept stärker verändert als unbeobachtete Taten hinter verschlossenen Türen. Sie schuf damit eine Verbindung zur frühen Soziologie, in der Charles Cooley um die Wende zum 20. Jahrhundert den Begriff des „looking-glass self" prägte. Cooley stellte die Hypothese auf, dass das Selbstkonzept aus der vermuteten Bewertung anderer Menschen entsteht und die Identität sich erst aus dem sozialen Miteinander entwickelt. Vereinfacht gesagt, vermutete Cooley schon knapp hundert Jahre vor Dianne Tice, dass das, was wir von uns halten, stark davon abhängt, was andere vermutlich von uns denken. Weil das Selbstbild also in Abhängigkeit von unserer sozialen Umwelt entsteht, könnte dem Verhalten in der Öffentlichkeit automatisch mehr Bedeutung beigemessen werden. Während unbeobachtete Taten verdrängt, vergessen und ignoriert werden können, wird das Verhalten im Beisein anderer aufmerksam verfolgt und könnte durch dieses verstärkte Augenmerk eher internalisiert werden. Ihr Ruf und die damit einhergehenden sozialen Beziehungen machen es für Menschen erstrebenswert, ihr eigenes Agieren sorgfältig zu beobachten und aus der Perspektive ihrer Mitmenschen zu beurteilen.

Um zu überprüfen, ob diese zusätzliche Herausforderung zu Unterschieden in den Veränderungen von Selbstkonzepten führt, entwarf Dianne Tice drei Versuchsanordnungen mit unterschiedlichen Schwerpunkten.

Experiment 1

Tice band 90 Psychologiestudenten, darunter 57 Frauen, in eine komplizierte Untersuchung ein, in der den Versuchspersonen, wie so häufig, die Forschungsfrage zunächst vorenthalten wurde. Sie wurden gebeten, sich mit einem vorgegebenen Charaktermerkmal zu beschreiben, selbst, wenn ihnen dieses überhaupt nicht entsprach. Angeblich wollte die Psychologin so die Fähigkeit anderer Studierender testen, ihre Mitmenschen einzuordnen und Täuschungen zu durchschauen. Die Versuchspersonen sollten eine Eigenschaft betonen, aber nicht lügen, sondern ihre Angaben mit Episoden aus ihrem Leben untermauern. Galt es, sich zum Beispiel als athletisch darzustellen, obwohl sie kaum dazu zu gewinnen sind, einen Spaziergang um den Häuserblock zu unternehmen, so sollten sie dafür keine haarsträubenden Geschichten über ihren letzten Marathon erfinden, sondern ganz einfach in ihrer Biografie nach Momenten suchen, die man im Sinne des vorgegebenen Merkmals interpretieren konnte. Zum Beispiel, dass sie möglichst viele Wege zu Fuß bewältigen, oder dass sie vor einigen Jahren regelmäßig an einem Aerobic-Kurs teilgenommen hatten. Der Hälfte der Studienteilnehmer wurde mitgeteilt, dass sie durch einen Einwegspiegel von einem anderen Studenten beobachtet wurden und er ihren Antworten sowie einigen Angaben zu ihrer Person, zum Beispiel Namen und Alter, folgen würde. Die andere Hälfte der Versuchspersonen beantwortete die Fragen ohne vermeintliche Gesellschaft und wurde nach keinen persönlichen Angaben wie ihrem Namen gefragt. Sie wurde ausdrücklich auf die Anonymisierung ihrer Daten hingewiesen. Allen Teilnehmern wurde versichert, dass ausschließlich ein anderer Student, nicht aber Dianne Tice selbst, ihre Ergebnisse auswerten würde, um Verzerrungen zu vermeiden. Nachdem die Versuchspersonen einige Fragen mit der Vorgabe, eine bestimmte Eigenschaft herauszustreichen, beantwortet hatten, wurde ihnen ein Fragebogen vorgelegt, in dem sie nun ein realistisches Porträt ihrer Persönlichkeit zeichnen sollten, ohne Rücksicht auf die zuvor vereinbarte Eigenschaft zu nehmen. Am Ende des Fragebogens wurden sie gebeten anzugeben, ob sie der Anonymisierung des Versuchs trauen würden und ob sie jemand aufgrund ihrer Antworten identifizieren könnte. Um eine bleibende Manipulation des Selbstkonzepts der Studenten zu vermeiden, wurden sie nach Abschluss des Fragebogens über das Projekt aufgeklärt und gebeten, drei Situationen zu beschreiben, in denen sie keineswegs das möglicherweise zuvor internalisierte Charakteristikum gezeigt hatten. So konnten zum Beispiel angebliche Athleten bei dieser Gelegenheit von ihren exzessiven Fernsehabenden oder ihrer Abneigung gegenüber dem Treppensteigen erzählen.

Die statistische Auswertung der Ergebnisse ließ scheinbar keinen Zweifel an Dianne Tices Hypothese: Die Darstellungen der Studierenden beeinflussten ihr Selbstkonzept deutlich. Beschrieben sie sich selbst mit einer Eigenschaft, die sie üblicherweise vielleicht gar nicht als zentrales Merkmal ihrer Persönlichkeit gesehen hätten, zum Beispiel als emotional stabil, dann zeichneten sie später, im zweiten Teil der Befragung, ein signifikant höheres emotional stabiles Bild von sich selbst als Personen, die ein anderes Charakteristikum betonen sollten. Dieser Effekt wurde durch die behauptete Anwesenheit eines anderen Studenten und die gefühlte Zurückverfolgbarkeit ihrer Daten noch verstärkt. Wie von Tice angenommen, beeinflusste das Beisein anderer Menschen den Internalisierungsprozess, und Darstellungen von Verhaltensweisen, die öffentlich ablaufen, werden noch nachhaltiger ins Selbstkonzept aufgenommen.

Experiment 2

Um ihre Vermutung noch eingehender zu prüfen, entwarf die Psychologin ein Folgeexperiment, in dem 80 Studierende dazu aufgefordert wurden, sich als extrovertiert oder introvertiert zu beschreiben. Das Forschungsdesign des ersten Experiments wurde beibehalten, die Studierenden wurden also entweder in einem gefühlt öffentlichen oder einem privaten Setting befragt und nach ihrer Darstellung um eine Einschätzung ihres wahren Selbst gebeten, die mit Hilfe eines Persönlichkeitstests erhoben wurde.

Anders als in ihrem ersten Versuch fügte Dianne Tice noch eine Sequenz an, in der sie überprüfen wollte, ob ihre Testpersonen das zumindest auf dem Papier internalisierte Merkmal später tatsächlich in einer alltäglichen Situation aufweisen würden. Zu diesem Zweck fingierte sie eine unstrukturierte Situation, in der die Versuchspersonen in einem Raum mit einer in das Experiment eingeweihten Person sitzen sollten. Sie konnten selbst entscheiden, wie nahe sie ihren Sessel (den sie aus einem anderen Zimmer hereingetragen hatten) an die eingeweihte Person rückten und ob sie das Gespräch mit ihr suchten, wobei ihnen der experimentelle Charakter dieser Situation nicht bewusst war. Dianne Tice nützte die Sitzdistanz und die Bereitschaft, sich zu unterhalten, als quantifizierbare Maße, um Introversion und Extraversion zu messen.

Auch in diesem Setting zeigten sich die von Tice vermuteten Effekte: Studierende, die sich zuvor öffentlich als extrovertiert beschrieben hatten, verringerten die Sitzdistanz und plauderten eher als Personen, die sich öffentlich als introvertiert bezeichnet hatten. Das Selbstkonzept wurde durch die vor anderen Menschen zur Schau gestellte Eigenschaft verändert, während bei Versuchsteilnehmern, die vermeintlich allein ihre Fragen beantwortet hatten, keine signifikanten Verhaltensunterschiede zwischen jenen Studenten, die sich als introvertiert, und jenen Studenten, die sich als extrovertiert ausgegeben hatten, auftraten.

Diese Ergebnisse deuten darauf hin, dass der durch das verbale Labeling initiierte Internalisierungsprozess keineswegs nur oberflächliche Veränderungen des Selbstkonzepts hervorruft, sondern auch zu Verhaltensveränderungen führen kann. Diese Erkenntnis ist besonders brisant, wenn ihre Alltagsrelevanz in den Vordergrund gerückt wird, die am Ende dieses Kapitels diskutiert wird, oder Querverbindungen zu anderen Experimenten geschaffen werden. Sie tragen zum Beispiel zum Verständnis des Rosenthal-Effektes bei, der in diesem Buch eingehend beschrieben wird.

Auf den Punkt gebracht, zeigte sich also: Das Sprichwort „Fake it till you make it" scheint durchaus seine Berechtigung zu haben, denn wir nehmen die Zuschreibungen anderer nicht nur in das Verständnis unserer Persönlichkeit auf, sondern verhalten uns auch dementsprechend. Wird ein Schüler, um die Verbindung zu Rosenthal zu schaffen, als schlechter Schüler bezeichnet, so wird sich diese Beschreibung in sein Selbstkonzept einfügen und er wird sich, um kognitive Dissonanz zu vermeiden, dieser Zuschreibung entsprechend verhalten. Selbst wenn wir uns zunächst überhaupt nicht mit einem Merkmal identifizieren können, gilt: Verhalten wir uns häufig genug öffentlich im Sinne dieses Charakteristikums, so werden wir es internalisieren und es wird Teil unserer Identität.

Experiment 3

In ihrem dritten Experiment zur Veränderung des Selbstkonzepts stellte Dianne Tice die Faktoren in den Vordergrund, die die Internalisierung durch das Beisein anderer Menschen noch begünstigen. Eine wichtige Rolle spielen hierbei Erinnerungen an Taten in der Vergangenheit, die das vorgegebene Merkmal untermauern. Erinnert sich jemand zum Beispiel an Situationen, in denen er besonders sportlich war, so wird es ihm leichter fallen, sein Selbstkonzept um die Komponente „sportlich" zu erweitern, was sich wiederum auf sein Verhalten auswirken und auf diese Art sportliches Verhalten begünstigen könnte. Außerdem kann die Erwartung, mit seinem Gegenüber auch in Zukunft in Kontakt zu stehen, dazu führen, dass in der Interaktion gezeigte Eigenschaften internalisiert werden. Tice vermutet in ihrem Artikel, dass sich verstärkende Effekte multiplizieren können und dass die Veränderung des Selbstbilds ein dynamischer Prozess ist, der von einer Vielzahl an Faktoren abhängig ist.

Dianne Tice ist es mit ihren Versuchen gelungen, ein klassisches Konzept aus der Soziologie in die Psychologie überzuführen und das Augenmerk auf die sozialen Prozesse zu lenken, die bei der Veränderung des Selbstkonzepts ausschlaggebend sein können.

» Alltäglicher Nutzen des Tice-Experiments

Die von Diane Tice durchgeführten Experimente sind von besonders hoher Alltagsrelevanz, selbst wenn sie auf den ersten Blick ein wenig konstruiert und sperrig wirken mögen. Ein nicht zu unterschätzender Teil unseres Lebens beschäftigt sich mit der Veränderung von Verhalten, dem eigenen und dem fremden, und der Frage, ob Menschen überhaupt dazu in der Lage sind, sich zu verändern. Tice scheint diese Überlegung mit „Ja" beantworten zu können und eröffnet einen möglichen Weg, um gewünschte Veränderungen zu begünstigen. Ihre Untersuchungen zeigen, wie eng das Verhalten einer Person mit ihrem Selbstkonzept verwoben ist und dass dieses keineswegs in Stein gemeißelt ist. Durch in sozialer Interaktion betonte Wesenszüge oder Verhaltensweisen werden diese internalisiert und können so entsprechendes Verhalten begünstigen. Leider dürften auch negative oder belastende Charakteristika auf diese Art verfestigt werden: Jemand, der von der eigenen Ungeschicklichkeit überzeugt ist und diese Ungeschicklichkeit bei jeder Gelegenheit öffentlich unter Beweis stellt, schafft für sich selbst ein Damoklesschwert, das unheilvoll über dem Kopf des vermeintlichen Pechvogels schwebt.

Eine der wichtigsten Kernaussagen dieses Kapitels für den unmittelbaren Gebrauch: Niemand profitiert von ständig wiederkehrenden negativen Zuschreibungen wie „Ach, Susi ist handwerklich eben wirklich nicht begabt", „Maxi ist der Träumer der Familie" oder „Ich bin eben unfähig, eine gute Präsentation zu halten". Durch diese von außen sogar noch wirksameren Mantras werden ungeliebte Eigenschaften überbetont und internalisiert, wodurch sich Betroffene dieser Prophezeiung entsprechend verhalten werden. Weitaus nützlicher ist es, die Erkenntnisse aus diesem Experiment genau für das Gegenteil zu nutzen. So lassen sich wünschenswerte Eigenschaften festigen, indem Hinweise gesammelt werden, die dafür sprechen, dass diese ohnehin schon in einer Person angelegt sind, und mögen sie noch so klein sein. Gleich bei der nächsten Gelegenheit kann das dann öffentlich unter Beweis gestellt werden.

Pennebaker und Sanders – Reaktanz

„Jetzt erst recht!"

*Manchmal scheint es, als würden gute Ratschläge nicht
nur nicht fruchten, sondern sogar völlig gegenteilige
Verhaltensweisen auslösen. Wie offenbar beratungsresistente
Menschen dennoch zu ihrem Glück begleitet werden können,
haben zwei Psychologen in der idyllischen Umgebung
siebzehn öffentlicher Toiletten untersucht.*

Häufig werden gute Ratschläge mit einem freundlichen
Lächeln, Nicken und dem völlig entgegengesetzten Verhalten quittiert. Dieses allgemein bekannte, faszinie-
rende Phänomen, das Ärzten, Psychologen, Pädagogen
und Eltern von jeher Kopfzerbrechen bereitet, heißt
in der Wissenschaft „Reaktanz". In den 1970er-Jahren
widmeten sich die beiden US-amerikanischen Psychologen James W. Pennebaker und Deborah Y. Sanders der
Erforschung dieses merkwürdigen Trotzverhaltens. Sie
zeigten in ihrem Experiment nicht nur, dass Reaktanz
entsteht, um Widerstand gegen Einschränkungen der
eigenen Handlungs- und Freiheitsspielräume zu leisten,
sondern auch, wie man diese Reaktionen vermindern
oder sogar vermeiden kann. Außerdem konnten sie
mit ihren Versuchsanordnungen beweisen, wie wenig

42

Aufwand pfiffige Experimente erfordern, wenn Wissenschaftler ihre Augen offen halten und ganz einfach alltägliche Gegebenheiten in ihre Forschung integrieren.

In diesem Fall führte diese Bereitschaft, sich von der Banalität des Alltags nicht hindern, sondern inspirieren zu lassen, Pennebaker und Sanders an einen für psychologische Untersuchungen unüblichen Ort, nämlich in die Toiletten ihrer im Südwesten des Landes gelegenen Universität. Schon einige Zeit faszinierten sie die Kritzeleien, die man in U-Bahn-Abteilen, an Wänden und Zäunen finden konnte und die sich sehr häufig gegen ungeliebte Autoritäten richteten. Graffitis, egal ob kunstvoll oder nicht, waren viel zu lange von den Wissenschaften missachtet worden, so fanden sie. Insbesondere für die Sozialpsychologie könnte ihre Betrachtung aufschlussreich sein. Glücklicherweise fanden sich an einer großen, im Südwesten des Landes gelegenen Universität gleich siebzehn Herrentoiletten, in denen Graffitis unterschiedlicher lyrischer Gewichtigkeit und Qualität zu lesen waren. In der wissenschaftlichen Literatur zur Reaktanz hatten die beiden Psychologen einige interessante Studien gefunden, die diese WCs anscheinend zum idealen Ort machten, um die bisweilen stark überzogenen Widerstandsreaktionen zu erforschen. Besonders, so war zum Beispiel bei Brehm und Brehm zu lesen, musste bei Befehlen, die von Autoritäten ausgesprochen wurden, mit solchen Reaktionen gerechnet werden. Wird das Hinterlassen von feindseligen Sprüchen an Wänden als Ausdruck des Widerwillens gegenüber Autoritäten verstanden, gewissermaßen als Ventil für die durch autoritäres Verhalten und Einschränkungen hervorgerufene Wut, so bieten öffentlich zugängliche Sanitäreinrichtungen tatsächlich optimale Voraussetzungen, um sich mit reaktantem Verhalten zu beschäftigen. Immerhin finden sich hier besonders viele abfällige und trotzige Bemerkungen an den Wänden, obwohl den allermeisten Nutzern bekannt ist, dass das Verzieren dieser öffentlichen Anlagen unerwünscht ist.

Pennebaker und Sanders, die, wie ihr Artikel erahnen lässt, insgeheim begeistert von Kritzeleien aller Art waren, entwarfen zwei Hinweistafeln unterschiedlicher Strenge. Darauf wurden die die Toiletten benutzenden Studenten dazu aufgefordert oder gebeten, die Wände ihrer Kabinen nicht mit weiteren Sinnsprüchen zu verzieren. Eine Tafel war sehr bestimmt und autoritär formuliert: „Schreiben Sie nicht an die Wände!", hieß es da, wobei das NICHT dick unterstrichen wurde. Die andere war eher höflich und zurückhaltend: „Bitte, schreiben Sie nicht an die Wände." Zusätzlich wurden die Hinweise mit Unterschriften einer fiktiven Person versehen – bei den streng formulierten Schildern jener des Sicherheitschefs der Universitätspolizei, also einer hochstehenden Autorität, bei der höflich gestellten die von einem einfachen Vertreter der Hochschulsicherheit. Die Psychologen brachten die Schilder für jeweils zwei Stunden abwechselnd in verschiedenen Toiletten an und notierten über einen ganzen Tag akribisch, in welchen Kabinen das Verbot häufiger verletzt wurde. Hämische Kommentare ließen, wie vermutet, nicht lange auf sich warten. Insbesondere die vom Polizeichef signierte, im Befehlston formulierte Hinweistafel wurde mit zahlreichen Reaktionen versehen, unter anderem dem herausfordernden Satz: „Was willst du jetzt dagegen tun, du … (Pennebaker und Sanders entschlossen sich aus Rücksicht auf das Feingefühl ihrer Leser dazu, das hier eingesetzte Schimpfwort auszulassen), du wirst mich nie erwischen! Ha ha ha!"

Pennebakers und Sanders' Praxistest verdeutlicht also, dass besonders rigide Aufforderungen keineswegs besonders schnell und bereitwillig zum gewünschten Verhalten führen, sondern viel eher Trotz auslösen. Zurückhaltende Höflichkeit hingegen bewirkt manchmal sehr viel bessere Ergebnisse.

>> Alltäglicher Nutzen des Pennebaker und Sanders-Experiments

Das hier beschriebene Experiment ist keineswegs nur für Menschen lehrreich, die sich mit den Hinterlassenschaften von Graffitisprayern konfrontiert sehen, sondern es ist für beinahe alle Lebenslagen sehr aufschlussreich. Besonders wichtig erscheint es für die Behandlung von Patienten. Die von Pennebaker und Sanders durchgeführten Untersuchungen deuten darauf hin, dass zu streng formulierte Behandlungspläne oder Medikationsvorgaben zu Reaktanz führen können, was zum Beispiel bei verordneten Antidepressiva katastrophale Folgen für den Patienten haben kann.

Bricht der Patient die Medikation in Eigenregie aus Trotz ab, bringt er sich selbst dadurch in Gefahr, was natürlich auch bei physischen Erkrankungen der Fall ist. Eine Möglichkeit, um diese zweifellos nach wie vor bestehende Gefahr ein wenig zu vermindern, ist, Behandlungspläne unter Einbeziehung des Patienten zu erstellen und im besten Fall sogar mehrere Alternativen zur Wahl zu stellen. So lässt sich die empfundene Entscheidungskompetenz erhöhen und die Bereitschaft des Patienten zur aktiven Mitarbeit an seiner Genesung oft steigern. Dasselbe gilt selbstverständlich auch in alltäglichen Situationen, ob im Umgang mit Familienmitgliedern, Beziehungspartnern oder Kollegen: zu offensiv und scheinbar alternativlos gestellte Forderungen können dazu führen, dass das Gegenüber sich nicht nur zurückzieht, sondern sogar etwas völlig anderes tut, als von ihm gefordert wurde, um seine Eigenständigkeit zu erhalten. Sehr häufig sind freundliche Bitten oder vorsichtige Empfehlungen der bessere Weg, um etwas zu erreichen. Denn je stärker der Entscheidungsspielraum einer anderen Person beschnitten wird, desto eher ist damit zu rechnen, dass es zu manchmal überraschend temperamentvollen Widerständen kommt.

Das merkwürdige Verhalten von Schimpansen in Kinderkleidung

Wenn Ihnen das „Dschungelbuch" gefallen hat, werden Sie dieses Kapitel mögen: Ein Forscher-Ehepaar beschloss, statt einen Menschen bei Wölfen aufwachsen zu lassen, eine Schimpansin in seiner Familie aufzunehmen. Die überraschenden Ergebnisse dieses Experiments beweisen die unglaubliche Anpassungsfähigkeit des Menschen.

Ein ungewöhnlicher, aber hilfreicher Rat zur Über-brückung unangenehmer Gesprächspausen ist es, die Unterhaltung auf Kinder oder Haustiere zu lenken, über die beinahe jeder etwas Erfreuliches zu berichten hat. Die schwierigsten Gesprächspartner blühen bei der The-matisierung dieser beiden Gruppen auf und wo gerade noch ein einschüchternder, kühler und streng bebrillter Steuerprüfer mit Seitenscheitel stand, blickt man in vor Rührung feuchte Augen, während man andächtig einem detailreichen Bericht über die letzten Beweise für die übermächtige Intelligenz eines Pudelmischlings lauscht.

Eltern kennen, offenbar ebenso wie viele Tierbesitzer, den unbeschreiblichen Stolz, den man verspürt, wenn die Schutzbefohlenen ihre ersten wortwörtlichen, aber auch kognitiven, Schritte gehen und jeden Tag mit neu erworbenem Wissen und Können überraschen. „Warum das eine Vergnügen dem anderen vorziehen?", mag sich das Ehepaar Kellogg gedacht haben, als es die ersten Überlegungen hinsichtlich seiner Studie traf.

Winthrop und Luella Kellogg beginnen die Beschreibung ihrer Studie mit einer Einleitung, die durch das 1894 publizierte „Dschungelbuch" inspiriert worden sein könnte: „Angenommen, ein menschliches Kind würde durch einen merkwürdigen Unfall im Wald oder Dschungel ausgesetzt werden, wo nur wilde Tiere ihm Gesellschaft leisten würden. Wie wäre die Natur des aus diesen Umständen entstehenden Individuums beschaffen, das ohne Kleidung, ohne menschliche Sprache und ohne Kontakt zu anderen seiner Art aufgewachsen wäre?"

Ein Blick auf die berühmtesten Vertreter jener Kinder ermöglicht eine vorläufige Antwort: Menschen reagieren auf ihre Umweltbedingungen und passen sich an, um zu überleben. Die berühmten Wolfsmädchen etwa, die in den 1920er-Jahren in Indien gefunden wurden, hatten sich das Laufen auf allen Vieren und andere wölfische Verhaltensweisen wie das Reißen kleinerer Vögel und Säugetiere zu eigen gemacht. Ihre Kiefer waren ungewöhnlich breit und stark, was die Folge des vielen Kauens auf Knochen gewesen sein dürfte. Winthrop und Luella Kellogg merkten an, dass Menschen insbesondere in der Kindheit und Jugend anpassungsfähig sind und auf ihre Umweltbedingungen flexibel reagieren können.

Offenbar erschien es den Kelloggs problematisch, das Aufwachsen eines Findelkindes im Dschungel unter experimentellen Bedingungen nachzustellen. Doch das Ehepaar hatte eine vermeintlich vertretbare Lösung schnell parat: Warum ein Kind bei Tieren aufwachsen lassen, wenn man genauso gut ein Tier unter Menschen großziehen kann? Warum sollte ein höherer Primat nicht unter genau denselben Bedingungen wie ein menschliches Kind aufwachsen können? Wie würde sich dieser ungewöhnliche Rahmen auf die Psychologie und Physiologie eines Affen auswirken?

Um diese Fragen in einem praktischen Versuch erforschen und beantworten zu können, wurden flugs strenge Regeln aufgestellt. Der ausgewählte Affe müsste so jung wie möglich sein, um besonders empfänglich für die ihm gezeigten menschlichen Verhaltensweisen zu sein. Er sollte genauso wie ein Kind seines Alters behandelt werden und keinesfalls wie ein Haustier. Das Tier sollte in einem Kinderwagen durch die Stadt geschoben werden, aus einem Babyfläschchen trinken und zur selben Zeit wie ein menschliches Kind zu seinen ersten Schritten ermutigt werden. Es sollte bekleidet bei Tisch sitzen und, sobald es ihm möglich war, mit Besteck essen. Auch für die für die menschliche Entwicklung so wichtige Gesellschaft Gleichaltriger sollte gesorgt werden und verständnisvolle Eltern aus der Umgebung sollten ihre Kinder ein paar Stunden täglich mit dem Äffchen spielen lassen. Optimal wäre es natürlich, den

Affen mit einem etwa gleichaltrigen menschlichen Geschwisterchen aufzuziehen, sodass das Kind als Kontrollinstanz für die Entwicklung des Affen fungieren könnte. Glücklicherweise hatte das Ehepaar Kellogg hier ein Ass im Ärmel: seinen Sohn Donald, der zum Zeitpunkt des Studienbeginns etwa zehn Monate alt war und dem die hier beschriebene Untersuchung gewidmet wurde. Ihm wurde für das folgende knappe Jahr eine Schimpansin als Spielpartnerin und gewissermaßen als Schwester zugesellt. Sie war nur wenige Wochen nach ihm in Kuba geboren worden und sollte im Alter von siebeneinhalb Monaten ihren Käfig verlassen, um ihr neues Reich bei der Familie Kellogg zu beziehen.

Die Schimpansin Gua folgte in ihrer Zeit unter Menschen einem strikten Tagesplan, den sie mit ihrem menschlichen „Bruder" teilte. Zwischen sechs und sieben Uhr morgens wurden die Kinder geweckt, um etwa eine halbe Stunde später gemeinsam ein nahrhaftes Frühstück einzunehmen. Nach dem täglichen Mittagsschläfchen waren Spaziergänge und Spielzeiten vorgeplant, deren Spuren am Abend mit Hilfe eines Bades beseitigt wurden. Um drei Uhr nachmittags bekamen beide eine Extraportion Milch, bevor gegen sechs Uhr ein frühes und bekömmliches Abendessen angesetzt war. Nach kurzer Zeit hatte Gua sich daran gewöhnt, in ihrem Hochstuhl Brei zu löffeln oder Schuhe zu tragen, und war Donald, dem Sohn der Kelloggs, in vielen typisch menschlichen Gewohnheiten sogar überlegen. Sie konnte schneller als er Türen öffnen, rückwärtsgehen und aus einem Becher trinken. Andere Verhaltensweisen teilten die beiden wie ein völlig konventionelles Geschwisterpaar: Sie waren beide gleichermaßen verzweifelt bei der Aussicht darauf, einen Abend auf die Gesellschaft der Eltern verzichten zu müssen, sie bekundeten ihre Freundschaft und Liebe auf ähnliche Weise, nämlich durch Umarmungen und Küsse, und sie begeisterten sich beide für bunte Bilderbücher. Mit großer Treffsicherheit deuteten Donald und Gua bei der entsprechenden Aufforderung auf ihre Nasen und Münder und auch sonst scheinen sie zunächst ein Quell der Freude und Begeisterung für Winthrop und Luella Kellogg gewesen zu sein. Durch ihre gemeinsamen Spiele brachten sie sich gegenseitig wichtige Verhaltensweisen bei. Besonders beeindruckt schildern die Kelloggs Guas erste künstlerische Bemühungen, die sie mit Hilfe ihres Atems an einer Scheibe und ihres Zeigefingers, der als Stift eingesetzt wurde, bewies. Ebenso überrascht beschreiben sie, wie der Affe noch vor Donald das beliebte und vermeintlich zutiefst menschliche Versteckspiel mit Hilfe einer Bettdecke entdeckte und seinem Kumpan beibrachte. Auch Fangenspielen oder das Stapeln von Bauklötzen und das Betrachten von Büchern standen auf der Tagesordnung.

Bald zeigten sich allerdings die ersten Einschränkungen von Guas Lernfähigkeit, die insbesondere ihre Bereitschaft zur Nachahmung betraf. Während Donald stundenlang fasziniert Erwachsene bei den unterschiedlichsten Tätigkeiten betrachtete und seine Beobachtungen in das Spiel integrierte, verlor Gua schon nach wenigen Minuten das Interesse und wandte sich anderen, für sie spannenderen Beschäftigungen zu. Auch ihre Sprachkenntnisse erweiterten sich nur schleppend. Die Schimpansin konnte zwar offenbar einer Vielzahl an Wörtern eine Bedeutung zuweisen, war aber nicht in der Lage, die menschliche Sprache als ihre anzunehmen und zu artikulieren. Auch in ihrer Bereitschaft, das Töpfchen zu benutzen, hinkte sie Donald bald hinterher. Donald hingegen war beinahe allzu aufnahmebereit, denn er begann schon nach kurzer Zeit, das Verhalten seiner Affen-Schwester zu imitieren. Tatsächlich verlagerte sich seine Aufmerksamkeit von der genauen Untersuchung aller erreichbaren Gegenstände auf das ehrgeizige Unterfangen, klettern zu lernen. Das Kleinkind ahmte Gua in allen möglichen Verhaltensweisen nach, zum Beispiel legte es sich mit Begeisterung vor eine geschlossene Tür, um durch den schmalen Schlitz zwischen Türe und Boden zu beobachten, was in den anderen Zimmern passierte. Bald begleitete Donald den Affen auf allen Vieren durch das Haus, obwohl er bereits zu gehen gelernt hatte. Überrascht stellten seine Eltern fest, dass er sich die Kommunikationsformen seiner Spielgefährtin aneignete und sich durch ein besonderes Grunzen und gutturale Laute mit ihnen und Gua verständigte. Im Originaltext versuchen die Kelloggs diese Sprache mit „uha, uha, uha" und „uhuh, uhuh" zu verschriftlichen. Spätestens nach diesen Versuchen, die Primatenkommunikationsform ihres Sohnes einem Fachpublikum zu beschreiben, war das Ehepaar vermutlich sehr beunruhigt und versucht, sein Experiment abzubrechen. Allerspätestens, als sie feststellen mussten, dass ihr kleiner Donald sie auch im Alter von 15 Monaten noch gelegentlich fest und in Affenmanier beim Tragen in die Schulter biss, müssten Zweifel an ihrer Untersuchung aufgekommen sein. Donald, der sich angewöhnt hatte, an der Wand zu kratzen, auf Schuhen zu kauen und auf den Gebrauch seiner Hände immer öfter zu Gunsten des Gebrauchs seines Mundes verzichtete (beispielsweise, um Spielzeug zu transportieren), war das perfekte Beispiel für die Anpassungsfähigkeit des Menschen, die die Forscher zu Beginn ihrer Studie interessiert hatte: Ihr Sohn verwandelte sich langsam in einen kleinen, ein wenig ungeschickten Affen. Glücklicherweise entschlossen sich die Kelloggs, ihre Studie abzubrechen, und Donald entwickelte sich zu einem unauffälligen, erfolgreichen jungen Mann.

>> Alltäglicher Nutzen des Kellogg-Experiments

Ohne Zweifel handelt es sich bei dem hier beschriebenen Experiment um ein Kuriosum, das in erster Linie in dieses Buch aufgenommen wurde, um zeigen, was für merkwürdige Wege die psychologische Forschung manchmal nimmt, um Hypothesen zu überprüfen. Nichtsdestotrotz lässt sich auch aus dieser Studie eine Kerninformation entnehmen, die im Alltag nützlich ist: Sie zeigt eindrucksvoll, wie bereitwillig Kinder alles imitieren, womit sie regelmäßig konfrontiert werden. An diesem extremen Beispiel wird deutlich, wie sehr die soziale Umgebung die Gewohnheiten, die Lernfähigkeit, das Kommunikationsverhalten und die Entwicklungsfortschritte unseres Nachwuchses steuert. Zu diesem Thema gibt es unzählige Artikel, die sich insbesondere mit den Auswirkungen neuer Medien auf Kinder auseinandersetzen. Eher als die neue Lieblingsserie beeinflussen aber Familienmitglieder die Entwicklung von Kindern, weshalb Eltern sich immer wieder ihre Vorbildfunktion bewusst machen sollten. Egal, ob es darum geht, „schön zu sprechen" oder Werte zu vermitteln.

Ergänzend zu den wissenschaftlichen Erkenntnissen über die Anpassungsfähigkeit von Kindern lieferte die ethisch durchaus problematische Untersuchung der Kelloggs wichtige Hinweise auf die Lernfähigkeit von Schimpansen, die der Primatologie bis heute von Nutzen sind, sowie auf die viel diskutierten Unterschiede zwischen Mensch und Tier, die sich beispielsweise in der Ausprägung der Imitationsbereitschaft zeigen.

Die Finsternis in Menschenherzen

Das berühmte Gefängnisexperiment von Zimbardo gehört zum Schulstoff der Oberstufe und wurde mehrfach verfilmt. In diesem Kapitel werden auch weniger bekannte Details der Untersuchung beschrieben, die belegen, wie sehr situative Bedingungen unsere Unterscheidung zwischen Richtig und Falsch bestimmen.

Neben dem ebenfalls in diesem Buch vorgestellten Milgram-Experiment gehört die im Folgenden beschriebene Studie zu den berühmtesten und zugleich schockierendsten psychologischen Untersuchungen des zwanzigsten Jahrhunderts. Das Stanford-Prison-Experiment wurde in zahlreichen Büchern und Filmen aufgegriffen und thematisiert – was angesichts der Dramatik dieses Experiments kaum überrascht.

In den 1960er und 1970er Jahren wurden die Geschehnisse des Zweiten Weltkriegs sowohl in den USA als auch in Europa zunächst nur zaghaft kritisch hinterfragt. Die wachsende Bereitschaft, sich mit diesen traumatischen Erfahrungen auseinanderzusetzen, brachte die Erforschung bis zu diesem Zeitpunkt kaum angetasteter Themen wie Autorität, Gehorsam und Grausamkeit mit sich. Fragen wie: „Tun auch gute Menschen Böses?" oder „Wie werden Durchschnittsbürger dazu verleitet, jede Moral über Bord zu werfen?" beschäftigten die Psychologie, wie auch das Milgram-Experiment zeigt (siehe Seite 156 ff.).

Philip Zimbardo, der gemeinsam mit Stanley Milgram eine Schule in New York besuchte, konnte diese brennenden Fragen mit einem aufsehenerregenden Experiment beantworten, das Zimbardos weiteren Werdegang bestimmen sollte und ihn zu einem Experten für das sogenannte Böse machen würde. Die Gründe für seine Faszination für die Psychologie des Bösen verortete Zimbardo selbst in seiner Herkunft. Der Sohn italienischer Eltern wuchs in einem Ghetto der South Bronx in New York auf, in dem er aus nächster Nähe beobachten konnte, was für eine zerstörerische Wirkung situative Bedingungen auf die menschliche Psyche haben können. Seine Kindheit hinterließ ein tiefes Misstrauen gegenüber Erwachsenen in Uniform und ein großes Interesse an möglichen Motiven für grausames, aber auch für moralisches Verhalten.

Entgegen allen Erwartungen nimmt Zimbardos berühmtes Experiment nicht in einer stürmischen Gewitternacht in der Bronx seinen Anfang, sondern an einem friedlichen Morgen im sonnigen Kalifornien im Jahr 1971. Auf eine Zeitungsannonce, in der interessierten Studenten fünfzehn Dollar pro Tag versprochen wurden, wenn sie sich dazu bereit erklärten, an einem vierzehntägigen Versuch zur Psychologie der Gefangenschaft teilzunehmen, meldeten sich zahlreiche junge Erwachsene, von denen Zimbardo nach eingehender psychologischer Untersuchung schließlich vierundzwanzig Personen auswählte. Diesen Freiwilligen wurden per Münzwurf Rollen zugeteilt. Sie würden in dem auf dem Gelände der Stanford University eingerichteten „Gefängnis", das eigentlich der Keller der psychologischen Fakultät war, entweder Gefängniswärter oder Gefangene sein. Aus den Restbeständen der Armee wurden Uniformen für die Wärter ausgesucht. Auch die Gefangenen wurden ihrer Rolle entsprechend ausgestattet. Diese verschiedenen Uniformierungen spielten für den weiteren Verlauf des Versuchs eine zentrale Rolle und waren für Zimbardo schon vorab von großem Interesse. Inspiriert durch William Goldings Roman „Herr der Fliegen" kam ihm der Gedanke, dass durch Maskierungen aggressive Impulse freigesetzt werden könnten und Menschen, die ihre Identität maskieren konnten, eher zu Gewalttaten bereit wären. Abgesehen von der Uniform hatten jene Studenten, die die Wärter in Zimbardos Experiment darstellen sollten, auf den ersten Blick nur wenig mit tatsächlichen Gesetzeshütern gemein. Sie wurden nur einen Tag lang eingeschult und sollten ein paar hastig formulierten Richtlinien folgen: Ihre wichtigste Aufgabe war es, für Recht und Ordnung zu sorgen. Außerdem sollten sie den Häftlingen gegenüber nicht gewalttätig werden und Fluchtversuche verhindern, sollte ein Gefangener es wagen, sich dem Experiment entziehen zu wollen. Die Häftlinge mussten sogar mit noch weniger Information Vorlieb nehmen.

Sie wurden gebeten, am Tag, an dem der Versuch beginnen sollte, zu Hause ihrem Schicksal zu harren und zu warten, bis etwas passierte. Schon am Morgen fuhren Polizeiwagen vor den Heimen der ausgewählten Studenten vor. Polizisten mit verspiegelten Sonnenbrillen erklärten ihnen in diesem glanzvollsten Moment ihrer Fernsehkarriere, der von nun an Generationen von Psychologiestudenten gezeigt werden würde: „Sie werden wegen Verstoßes gegen einen Paragraphen des Strafgesetzbuches gesucht. Wir werden Sie auf die Polizeiwache mitnehmen und Ihre Personalien aufnehmen. Bevor ich Ihnen Handschellen anlege, belehre ich Sie über Ihre Rechte als Bürger. Sie haben das Recht zu schweigen." Bereits in den ersten Minuten des Experiments, während der Verhaftung, zeigten sich große Unterschiede in den Reaktionen der Betroffenen. Während einige offensichtlich bedrückt und beschämt waren, begannen andere trotzig mit dem Polizisten zu streiten, bis ihnen einfiel, dass dieser Überfall Teil des Experimentes sein könnte, zu dem sie sich gemeldet hatten.

Nachdem die freiwilligen Häftlinge den kurzen Weg zwischen Polizeiwagen und provisorischem Gefängnis in der psychologischen Fakultät der Universität Stanford zurückgelegt hatten, wurden sie von den zufällig ausgewählten Wärtern dazu angewiesen, sich auszuziehen und sich mit gespreizten Armen und Beinen an eine Wand zu lehnen. Sie mussten diese Haltung einnehmen, solange ihre Aufpasser damit beschäftigt waren, ihre Habseligkeiten zu versperren und die Zellen vorzubereiten. Nach einigen Minuten wurden die Gefangenen von Kopf bis Fuß mit einem Pulver bestäubt, das, so gaben die Wärter bereitwillig preis, verhindern sollte, dass sie Läuse ins Gefängnis einschleppten. Nicht nur dieser wenig subtile Hinweis auf mangelnde Körperhygiene sollte die Studenten demütigen, die ihren Entschluss, an diesem ungewöhnlichen Projekt teilzunehmen, vielleicht schon bereuten. Die Wächter begannen auch noch, über die kleinsten und intimsten physiologischen Details ihrer Schützlinge zu scherzen. Die Pseudo-Häftlinge erhielten kurze Kittel, in die ihre Identifikationsnummer eingenäht war, und einen Nylonstrumpf, mit dem sie ihre Haare bedecken sollten. So wurde die in vielen Gefängnissen obligatorische Kopfrasur simuliert, die die durch unterschiedliche Frisuren ausgedrückte Individualität der Gefangenen minimieren soll. Ihre Füße zierten scheinbar schon damals verhasste Gummi-Clogs und eine Schließkette, die den Gefangenenstatus unterstreichen sollte. Außerdem war ihnen das Tragen von Unterwäsche untersagt, und ihre Rückseite wurde jedes Mal entblößt, wenn sie sich in den kurzen Kitteln bückten. Polaroid-Fotos wurden angefertigt und mit der Häftlingsnummer versehen – auf die Namen wurde ganz einfach verzichtet. Trotz dieser Bemühungen des Gefängnispersonals konnten die in Kitteln steckenden Männer ihre Rolle noch nicht wirklich annehmen und kicherten über den bemühten Befehlston der Wärter und ihr manieriertes Zupfen an den ungewohnten Uniformen.

All diese Geschehnisse wurden vom Versuchsleiter Philip Zimbardo beobachtet, der durch ein kleines, durch einen zarten Vorhang verdecktes Fenster spähen konnte, das in eine Trennwand eingelassen war, die eine Videokamera, ein Tonbandgerät und einen kleinen Überwachungsraum versteckte. Überrascht stellte er fest, dass einer seiner besonders zurückhaltenden Studenten gerade eine Art Willkommensrede für die Gefangenen hielt, in der er in sonorem, selbstbewusstem Ton Grundlagen des Zusammenlebens vortrug und ein wenig herablassend bemerkte, dass er hoffe, sie nicht allzu häufig zu sehen und dass sie mit stets geputzten Fingernägeln und dem Auftreten eines reuigen Verbrechers nichts zu befürchten hätten. Gemeinsam formulierten die Wärter Verhaltensrichtlinien, in denen die richtige Anrede einem Vollzugsbeamten gegenüber genauso wie die unbedingt einzuhaltende Sauberkeit in der Zelle berücksichtigt wurden. Die alarmierendste Regel, die insbesondere an einer politisch eher links stehenden Universität in den frühen 1970er-Jahren überrascht, ist die letzte, die 17. Regel, in der festgehalten wurde, dass jeder Verstoß gegen die Obrigkeit bestraft werden kann. Von nun an wurden strafweise verordnete Liegestütze, das Aufsagen der Gefängnisnummer oder der Verhaltensvorschriften wichtige Bestandteile des Alltags der Gefangenen. Die strenge Herrschaft der Wärter wurde von den Versuchsleitern wohlwollend aufgenommen und auch bestärkend kommentiert. Besonderes Augenmerk legten die Wissenschaftler auf das endlose Aufzählen der Gefangenennummern, das zunächst nur dazu dienen sollte, die Anwesenheit aller Häftlinge zu überprüfen, aber zudem noch einen anderen Zweck erfüllte: Durch den Verzicht auf Vor- oder wenigstens Nachnamen wurde den Gefangenen stets vor Augen geführt, dass sie als Nummern und nicht als Personen gesehen werden. Auch für die Wärter wurde die Rollenverteilung so immer wieder klar betont. In der Anfangszeit des Stanford-Prison-Experiments waren nämlich noch keineswegs alle Gefängniswärter von der Richtigkeit ihres Vorgehens überzeugt. Bedenken und Schuldgefühle wurden in den Berichten, die sie zum Ende ihrer Schichten schreiben sollten, formuliert. Einige Studenten gaben zu, den sie belastenden Situationen so häufig wie möglich zu entfliehen, indem sie unter Vorwänden auf den Gang des Gefängnisses auswichen. Andere machten sich schon in den ersten Stunden Gedanken über den mangelnden Gehorsam der Insassen.

Bereits in der ersten Spätschicht schienen sich aber beinahe alle Beteiligten auf ihre neuen Rollen eingelassen zu haben. Die Zählappelle wurden durch merkwürdige Anweisungen in die Länge gezogen: Die Pseudo-Häftlinge wurden schikaniert, indem sie ihre ID-Nummern singen mussten und je nach Qualität ihrer gesanglichen Fähigkeiten mit unterschiedlich vielen Liegestützen und Kniebeugen bestraft wurden. Dass die Gefangenen diesen offensichtlich sinnlosen Anweisungen ihrer Altersgenossen folgten, ist ein Indiz dafür, dass sie sich zu diesem Zeitpunkt schon als Gefangene fühlten und begonnen hatten, ihre Identität als junge, gebildete Mittelschichtmänner abzustreifen. Während ihre Gefängniskollegen immer kreativer und boshafter bei der Entwicklung neuer Bestrafungen wurden, ergaben sie sich mehr und mehr ihrem Schicksal und wehrten sich nur mehr matt gegen Ungerechtigkeiten. Als einer der Gefangenen es doch wagte, sich gegen seine Peiniger aufzulehnen, wurde er als Erster in jenen Raum überstellt, den die Wärter mit dem Schild „The hole", also „Das Loch", tituliert hatten. The hole war ein ursprünglich als Abstellkammer geplantes Zimmer, das durch hauchdünne Wände vom Gefängnisgang getrennt war. Zimbardo erwähnt in seinem Buch über das hier geschilderte Experiment, dass jemand, der in diesem Raum festgehalten wurde, während von außen gegen die Wände getrommelt würde, ohrenbetäubendem Lärm ausgesetzt wäre.

Schon bald zeigten sich Beschwerden, die die psychische Belastung der Gefangenen verdeutlichten. Ein Gefangener klagte bereits jetzt infolge seiner Anspannung über Schwierigkeiten beim Wasserlassen. Die Wärter ließen es sich nicht nehmen, die Gefangenen schon in der ersten Nacht immer wieder aus dem Schlaf zu reißen, weshalb manche der Studenten von Erschöpfung, Wut und einem gestörten Zeitgefühl berichteten.

Philip Zimbardo verfolgte die Entwicklung in seinem „Gefängnis" mit der fachlichen Neugierde des Psychologen. Aus seinen Aufzeichnungen aus dieser Zeit geht hervor, dass die Fragen, die er sich stellte, in erster Linie wissenschaftlicher Natur waren. Moralische Überlegungen waren für ihn nicht von Belang. Würde die Gewalt im Laufe der Studie immer weiter zunehmen, oder würde sich mit der Zeit ein Plateau herausbilden? Würden die Wärter ihr Verhalten später bereuen und sich den Rest ihres Lebens freundlich und moralisch integer verhalten? Wie würden die Nachtschichten verlaufen? Würden die Gefangenen ein Mindestmaß an Würde beibehalten können?

Ein neuer Tag begann und die Wärter schwangen selbstbewusst ihre Schlagstöcke, während sie mit der anderen Hand ihre Spiegelbrillen zurechtrückten. Im Morgengrauen wurden die Gefangenen geweckt und zum ersten Aufsagen der Vorschriften verpflichtet. Fehler wurden durch den exzessiven Einsatz vielfältiger Turnübungen geahndet. Aber auch die Häftlinge hatten neue Energie gesammelt und widersetzen sich nun schon in größerer Zahl den absurden Forderungen ihrer Bewacher. Sie diskutierten die Sinnhaftigkeit eines Hungerstreiks und stellten zum ersten Mal eine Reihe an Forderungen. Die Gefangenen wollten ihre Brillen, Medikamente und Bücher wiederhaben, außerdem setzten sie sich für die Abschaffung der inflationär eingesetzten Leibesübungen ein. Es kam zu einer ersten Auseinandersetzung, die zur Folge hatte, dass die Gefängniswärter sich zu noch strengeren Überwachungsmethoden und Bestrafungen entschlossen. Einen Vorgeschmack auf die noch folgenden sadistischen Übergriffe bietet ihre Idee, die Bettwäsche durch Kletten und Dornen zu ziehen, die sich sofort mit dem groben Webstoff verbanden. Auch die Gefangenen wurden zunehmend ausfallend und warfen mit wilden Beschimpfungen um sich, die prompt sanktioniert wurden. Zum ersten Mal kam es zu physischer Gewalt, als ein Wärter mit all seiner Kraft seinen Schlagstock gegen das Gitter einer Zelle schleuderte, mit der Absicht, die Finger eines Gefangenen zu treffen. Auf die lautstark vorgebrachte Forderung der Häftlinge nach einer gewaltsamen Revolution reagierte ein als Wärter eingestellter Student, indem er sie mit eiskaltem Schaum aus einem aus Sicherheitsgründen bereitgestellten Feuerlöscher beschoss.

Die Insassen der Zelle Nummer drei verhielten sich zunächst zurückhaltend und folgsam, weshalb die Wärter versuchten, sie durch besondere Begünstigungen auf ihre Seite zu ziehen und so Zwietracht unter den Gefangenen zu säen. Allerdings weigerten sich diese Häftlinge, zu Verrätern zu werden, und nahmen keine Sonderkonditionen wie zum Beispiel ein üppigeres Frühstück an. Gemeinsam heckten die Häftlinge einen Plan aus, um der unseligen Versuchsreihe zu entgehen: Mit den Fingernägeln gelang es einem von ihnen, Schrauben aus der Wand zu lösen. Mit Hilfe dieser Schrauben, so der Plan, ließe sich die Zellentür öffnen und die Wärter könnten überwältigt werden. Doch das Gefängnispersonal entdeckte diese Schwachstelle durch Zufall und fesselte die Störenfriede sofort mit Handschellen.

Im Lager des Wachpersonals zeigten sich zu diesem Zeitpunkt erste Risse. Einer der Wärter weigerte sich, die Gefangenen weiterhin zu quälen: Er habe die Erfahrung gemacht, dass hartes und aggressives Verhalten kontraproduktiv wäre und dass die Versuchssituation nicht nur die Gefangenen, sondern auch die Wärter selbst verändern würde. Er sprach über ein Unbehagen, wenn er die Uniform anlegen musste, versprach aber auf die eindringlichen Bitten seiner Kollegen, der gewünschten

Rolle in Zukunft eher gerecht zu werden. Unterdessen wurden die Gefangenen damit bedroht, kein Essen mehr zu bekommen, sie wurden mit dem Feuerlöscher attackiert und dazu gezwungen, ihre Kittel abzugeben und den Tag nackt in ihrer Zelle zu verbringen. Auch auf ihre Betten mussten die meisten der jungen Männer mittlerweile verzichten.

Inzwischen beschlich auch Zimbardo das Gefühl, dass es an der Zeit war, vorsichtig einzuschreiten, und er forderte die Gefangenen über eine Lautsprecherdurchsage dazu auf, drei Häftlinge als „Beschwerdeausschuss der Häftlinge des Stanford County Jail" zu nominieren. Die aufgestellten Vertreter brachten eine lange Liste an Beschwerden vor, die mehrere Verletzungen gegen den abgeschlossenen Vertrag umfassten. Sie erzählten von den körperlichen und verbalen Misshandlungen der Wärter, den unzureichenden Mahlzeiten und sie forderten geistlichen Beistand und regelmäßige Besuche von ihrer Familie. Zimbardo wies die Gefangenen in seiner Rolle als Gefängnisdirektor darauf hin, dass die beschriebenen Ausschreitungen ja von ihnen selbst provoziert worden waren, da sie sich nicht den Vorgaben ihrer Wärter entsprechend verhalten hatten. Diese aus heutiger Sicht skandalöse Entgegnung nahm der gewählte Ausschuss besänftigt lächelnd und freundlich nickend auf und zeigte sich begeistert über Zimbardos Versprechen, schon am nächsten Tag einen Gefängnisgeistlichen einzuladen. Noch vor dem Besuch des Geistlichen kam es jedoch zu einem Zwischenfall, der einen Wendepunkt des Stanford-Prison-Experiments markiert: Einer der Häftlinge, Nummer 8612, schilderte so glaubwürdig seine Qualen und verhielt sich auf so bedrohliche Weise wütend, dass er von den Wärtern zu einem Gespräch mit ihrem Gefängnisdirektor, Zimbardo, zugelassen wurde. Damit dieser besonders rebellische Häftling nicht vorzeitig aus dem Experiment ausstieg, schlug ihm Zimbardo vor, als Kontaktmann zu fungieren, unter der Prämisse, dass er nicht mehr von den Wärtern schikaniert werden dürfe. Zurück im Gefängnis, verkündete der Gefangene 8612 auf Wunsch Zimbardos, dass niemand das Experiment verlassen dürfe. Die Häftlinge berichteten später davon, wie real die Bedrohung des Gefängnislebens in diesem Moment für sie war. Sie waren so sehr in ihren Rollen gefangen, dass sie tatsächlich glaubten, nicht mehr aus dem Keller der Psychologiefakultät entkommen zu können. Zimbardo schreibt, dass in jenem Augenblick, als die freiwilligen Teilnehmer glaubten, ihr Recht verloren zu haben, ihre Teilnahme an der Studie zurückzuziehen, aus dem Stanford-Prison-Experiment das Stanford Prison wurde.

In diesem Moment größter Mutlosigkeit wurden die Gefangenen mit der nächsten Katastrophe konfrontiert: Die Spätschicht, die von Anfang an die konfliktreichste Wachschicht gewesen war, begann. Jener Insasse, der zuvor das Gespräch mit Philip Zimbardo gesucht hatte, zeigte hier nach verhältnismäßig harmlosen Schikanen der Wärter beinahe psychotische Verhaltensweisen. Wie im Wahn begann er über seine Kopfschmerzen zu sprechen, die er mit dem Tragen des Nylonstrumpfes über dem Kopf in Verbindung brachte. Auch der Gefangene 1037 begann, sich auffällig zu verhalten. Auf dem Boden seiner Zelle liegend und unaufhörlich hustend, verlangte er nach dem Gefängnisdirektor, der sich auch auf dieses Gespräch einließ und den Gefangenen mit Hustenbonbons vertröstete. Ein anderer Gefangener, 2093, der von seiner Festnahme bis zu diesem Zeitpunkt durch alarmierend gefügiges Verhalten aufgefallen war, sodass er von den anderen Häftlingen „Sarge" (die Abkürzung von Sergeant, die auf seine militärisch anmutenden Verhaltensweisen hinweisen sollte) genannt wurde, fragte wie aus heiterem Himmel, ob er mehr Liegestütze als verlangt machen dürfe. Der überraschte Wärter gestattete ihm den ungewöhnlichen Wunsch, worauf Sarge ihn herausfordernd fragte, ob er weitermachen soll, bis er nicht mehr könne. Völlig überrumpelt bejahte der Wärter.

Die Spätschicht eskalierte, als der völlig verstörte und aufgelöste Insasse 8612 damit drohte, sich die Pulsadern aufzuschneiden. Die Wärter versuchten, ihn zu beruhigen und suchten Kontakt zu den Versuchsleitern. Einer von Zimbardos Doktoranden, Craig Haney, musste widerwillig die Entscheidung treffen, Häftling 8612 zu entlassen. Der Ausstieg eines Gefangenen konnte den Ausgang des Projekts in Gefahr bringen, weshalb Haney lange abwog, ob der Versuchsteilnehmer tatsächlich aus der Studie ausgeschlossen werden sollte. Nach nur 36 Stunden war ein freiwilliger Proband so beeinträchtigt, dass er aus Sicherheitsgründen nach Hause geschickt wurde. Doch auch zu diesem Zeitpunkt dachte Zimbardo nicht daran, sein Experiment abzubrechen.

Nach nur wenigen Stunden hatten nicht nur die Probanden, sondern auch die Versuchsleiter ihre Rollen so angenommen und verinnerlicht, dass es für sie kaum möglich war, sich jenseits dieser in Rekordzeit entwickelten Identität zu verhalten.

Erste Zweifel an der Außenwirkung seines Projekts dürften Zimbardo erst bei den Vorbereitungen zum sogenannten Besuchstag beschlichen haben. Durch die Augen der künftigen Besucher betrachtet, fielen ihm nicht nur die mangelhaften hygienischen Bedingungen im Kellergefängnis, sondern auch der erbärmliche Zustand der Gefangenen auf. Die Häftlinge wurden daher dazu angehalten, ihre Zellen und die restlichen Räumlichkeiten penibel zu reinigen. Das stark nach Eukalyptus riechende Desinfektionsmittel sollte den Geruch von Fäkalien überdecken, der aus den immer strikter werdenden Strafen der Wärter resultierte, die sogar den Gang zur Toilette regelmäßig untersagten. Auch die Häftlinge wurden einem Säuberungsmarathon unterzogen, bei dem sie rasiert, geschäumt, frisiert und ihrer Strumpfhosenmützen entledigt wurden. Das gesamte Korps an Wärtern wurde zum Besuchsabend gebeten und war offenbar dazu angehalten, sich halbwegs zivilisiert zu benehmen. Die ehemals äußerst prekären Bedingungen der Häftlinge waren kaum mehr zu erahnen. Zu sanftem Eukalyptusduft wurde ihnen bei leiser Musik ein Menü aus Hühnerpastete serviert, das in einer doppelten Portion Nachspeise gipfelte. Unterdessen wurden auch die Besucher manipuliert, indem bewusst betont wurde, dass ihnen das Privileg gewährt wurde, ihre Angehörigen im Gefängnis zu besuchen. Eltern, Geschwister, Partnerinnen und Freunde wurden durch eine ausgewählt attraktive Psychologie-Studentin aus dem Cheerleading-Team begrüßt, die sie mit ihrer Ankunftszeit und Wartenummer an einer improvisierten Rezeption, die mit üppig blühenden Rosen dekoriert worden war, registrierte. Die Besucher wurden gebeten, eine Weile zu warten, da die Häftlinge noch mit ihrer besonders üppigen Portion Nachspeise beschäftigt waren. Schließlich informierte die Studentin die inzwischen ein wenig ungeduldigen Angehörigen darüber, dass die Besuchszeit leider auf zehn Minuten reduziert werden müsse, da die Häftlinge an diesem Abend so viel Zeit für ihr Abendessen gebraucht hatten, und dass die Besucherzahlen auf zwei Personen beschränkt werden müssten. Auf die empörte Reaktion der Besucher fragte sie erstaunt, ob die Häftlinge sie über diese Regelung nicht informiert hätten. Auf diese Art stimmten Zimbardo und seine Kollegen und Kolleginnen die unter normalen Umständen wahrscheinlich entsetzten Angehörigen darauf ein, dass das Leben im Stanford Prison eher beschaulich war und die Beschwerden der nichtsnutzigen, egozentrischen Insassen, deretwegen sie lange Autofahrten in Kauf genommen hatten, wie immer spätpubertäres Gejammere wäre. In den Gesprächen während der Besuchszeit wurde das Ausmaß des Experiments schnell deutlich: Auf die Frage, was er denn in seiner Freizeit gerne tun würde, sobald das Experiment zum Ende käme, antwortete ein Häftling sogar, er könnte sich keine befriedigendere Tätigkeit vorstellen, schließlich wäre er schon an diesem wunderbaren Ort. Während der Gespräche waren, wie ja auch in realen Gefängnisbesuchszeiten, mehrere Wachen anwesend. Deren Beisein manipulierte offensichtlich das Verhalten und die Aussagen der Gefangenen, mussten sie doch befürchten, dass jegliches Fehlverhalten am Abend streng geahndet werden würde.

Zimbardo tat sein Möglichstes, um sein Gefängnis in rosigem Licht erscheinen zu lassen. Er begrüßte alle Besucher und dankte ihnen für ihren zeitlichen Aufwand. Außerdem klärte er sie über die hehren Ziele seines Experiments auf, zu dem ihre Angehörigen einen unschätzbaren Beitrag leisten würden. Die Sorgen einer aufgebrachten Mutter versuchte er mit einem Hinweis auf die doch tadellose psychische Konstitution ihres Sohnes zu zerstreuen, nur wenig später musste allerdings auch dieser Häftling, dessen Belastung von seiner Mutter offenbar richtig eingeschätzt worden war, wegen akuter Stressreaktionen entlassen werden.

Mehr und mehr zeigte sich, wie sehr nicht nur die Versuchsteilnehmer, sondern auch die Versuchsleiter zu unfreiwilligen Teilnehmern eines Experiments wurden, das schon lange als Selbstläufer bezeichnet werden konnte. Beinahe wahnhaft begannen die Mitarbeiter Zimbardos und er selbst, sich auf einen unmittelbaren Aufstand oder Ausbruchsversuch im Stanford-Gefängnis vorzubereiten und wurden so Teil ihrer eigenen Versuchsanordnung. Vor lauter Sorge und tapferer Bemühungen, den Keller des Psychologiedepartments zu befestigen und zu verteidigen, hatten sie vergessen, den ursprünglichen Zweck dieses Rollenspiels zu verfolgen: Die Psychologen fanden einen ganzen Tag keine Minute Zeit, um Daten zu sammeln und ihrer Forschungsfrage nachzugehen. Zimbardo betitelt diese Episode in seinem Buch mit der treffend formulierten Überschrift: „Wir waren die Trottel, aber wer musste es wohl ausbaden?" Tatsächlich zeigte sich die Frustration des Universitätspersonals sehr rasch im Umgang mit den geradezu nach Schelte schreienden Sündenböcken, die 24 Stunden zur Verfügung standen: den Häftlingen.

Am vierten Tag des Experiments sollte das Stanford Prison nach den vorangegangenen aufreibenden Geschehnissen endlich ein wenig zur Ruhe kommen, nicht zuletzt durch den Beistand eines Geistlichen, der auf den Wunsch der Häftlinge eingeladen worden war. Der junge Priester, der bereits Erfahrungen als Gefängnisgeistlicher gesammelt hatte, sollte seine Eindrücke mit Zimbardo teilen und rückmelden, für wie realistisch er die im Experiment entstandenen Prozesse hielt. Zu diesem Zweck war es seine Aufgabe, sich mit möglichst vielen Probanden zu unterhalten, die bereits bei der Vorstellung dramatische Auffälligkeiten zeigen. Statt sich mit ihrem Namen vorzustellen, nannten die meisten der Häftlinge dem Geistlichen ihre Gefängnisnummer. Doch auch der Priester zeigte sich für Zimbardo überraschend kooperativ, was er im Nachhinein auf die besonders gelungene Gefängnissimulation zurückführte. Neben Tipps zum Umgang mit Pflichtverteidigern und rechtlichen Aspekten ihrer Inhaftierung trumpfte der Geistliche mit jovialen Hinweisen auf die unzureichenden juristischen Fähigkeiten der Inhaftierten und Hilfsangeboten für die Angehörigen auf. Die Schicksalsergebenheit des Häftlings Sarge irritierte ihn jedoch: Sarge weigerte sich nämlich im Gespräch mit dem Geistlichen, rechtlichen Beistand auch nur in Betracht zu ziehen, da er davon überzeugt war, sich selbst in diese unangenehme Lage gebracht zu haben und für seine Verbrechen völlig zu Recht büßen zu müssen. Doch obwohl alle Psychologie-Studenten, die zum ersten Mal von Zimbardos Experiment hören, gespannt und beunruhigt auf den unaufhaltbar scheinenden Zusammenbruch Sarges warten, läutete ein anderer Häftling den endgültigen Kontrollverlust im Stanford-Prison-Experiment ein. Häftling 819 wurde nach einem spektakulären Wutausbruch vor dem Frühstück, nach seiner Aussage ausgelöst durch ein nervenraubendes Gespräch mit seinen Eltern am Vorabend, die trotz seines erbärmlichen Zustands in zermürbender Detailtreue von ihrem letzten Theaterbesuch berichtet hatten, statt ihrer Sorge oder ihrem Mitgefühl Ausdruck zu verleihen, in das „Loch" gesteckt. Auf die Bedenken des Priesters, der nach einem kurzen Gespräch mit 819 dessen psychische Stabilität in Frage stellte, wurde Zimbardo glücklicherweise hellhörig. In letzter Minute, so wirkt es in der Rückschau, suchte der Versuchsleiter den völlig verzweifelten und einem Nervenzusammenbruch nahen Mann in seiner Strafzelle auf und beruhigte ihn. Nach der mehrmaligen Zusicherung, dass die vergangenen Tage nur ein Experiment gewesen waren und er, genau wie die anderen Teilnehmer, ein Student sei, wurde 819 entlassen. Später erwähnte Stewart, wie 819 eigentlich hieß, gegenüber Philip Zimbardo, dass er insbesondere die empfundene Hilflosigkeit und das Gefühl, anderen auf Gedeih und Verderb ausgeliefert zu sein, als zermürbend empfunden hatte.

Wegen des hohen Verschleißes an Probanden war Zimbardo dazu gezwungen, die sich nach und nach lichtenden Reihen der Versuchsteilnehmer mit hoffnungsfrohen neuen Studenten aufzufüllen. Schon bald wurde Häftling 416, der zunächst hauptsächlich durch besonders hervorstehende Rippenknochen auffiel, die bei der inzwischen zur Routine gewordenen Entlausungsprozedur entdeckt worden waren, in das Experiment aufgenommen. Er kam gerade recht zu einem abenteuerlichen und kräfteraubenden Aufstand der Häftlinge, der nur mit Hilfe des bewährten Feuerlöschers, Seilen zum Fesseln und Schlagstöcken niedergeschlagen werden konnte. Um die Folgen aufsässigen Verhaltens zu demonstrieren, schliffen die Wärter einen besonders flegelhaften Häftling an mit Seilen zusammengezurrten Händen und Füßen in den Gang, wo er wie ein Mahnmal zusammengekrümmt liegen blieb. Nach einer spontanen Choreinlage des beliebten Kirchenlieds „Amazing Grace" entging selbst den völlig in der Versuchsreihe gefangenen Psychologen nicht die Ironie der in einer Reihe aufgestellten Häftlinge, die mit großem Verve abwechselnd Kinder- und Kirchenlieder mit teilweise von den Wachen veränderten Texten schmetterten. Nach dem Ende des Stanford-Prison-Experiments berichtete der nachgerückte Häftling 416 in einem Interview, dass er schon am Abend wusste: Die Entscheidung, an dieser Studie teilzunehmen, war ein Fehler. Im weiteren Verlauf dieser Studie würde er eine Schlüsselrolle übernehmen. Als Dorn im Auge einiger Wärter, die er bereits nach wenigen Stunden durch scheinbar aufmüpfiges Verhalten brüskiert hatte, drohte 416, eine Art Galionsfigur der Rebellenbewegung der Häftlinge zu werden. Um diese Gefahr rechtzeitig zu bannen, kam einer der Wärter auf die psychologisch hoch interessante Idee, den sich anbahnenden Gemeinschaftsgeist zu brechen, indem er alle anderen Häftlinge dazu anwies, den Neuankömmling zu beschimpfen. Und hier kam es zu einer überraschenden Wendung: Sarge, der militärisch wirkende, disziplinierte, folgsame, nicht unbeliebte Häftling, der sich bisher durch besonderes Pflichtbewusstsein und Folgsamkeit hervorgetan hatte, verweigerte die Anweisung. Mit der ihm noch verbliebenen Würde erklärte er, es würde seinen Prinzipien widersprechen, Schimpfwörter einzusetzen – und verlor so sein Recht auf das Bett in seiner Zelle.

Dass Sarge noch ein wenig Würde bewahren konnte, ist wirklich erstaunlich und bemerkenswert, wenn man den Schilderungen in Zimbardos Studienbericht folgt. Die Probanden wurden von den Wärtern dazu aufgefordert, Stühle wie Hüte auf dem Kopf zu tragen, und dann verspottet, als sie diesem Befehl nachkamen, sie mussten Frankenstein und seine Braut, verkörpert von Sarge, spielen und sich in dieser Rolle ihre Liebe schwören. Die Häftlinge mussten, gekleidet in sie nur ausgesprochen unzureichend bedeckende Kittel, Bockspringen spielen, wobei sie auf die homoerotische Anmutung dieser Beschäftigung hingewiesen wurden. Der neue Häftling musste seine Zeit mit zwei Würsten in den Händen im „Loch" absitzen, nachdem er sich geweigert hatte, diese zum Abendessen zu verzehren. Als der Häftling Sarge ihn zunächst beschimpfen und dann treten sollte, weigerte er sich und verwies erneut auf seine Prinzipien. Um den unerwartet rebellischen Studenten zu strafen, musste er unzählige Liegestütze unter dem Gewicht von zwei Mithäftlingen machen, die auf seinem Rücken als Gewichte herhalten mussten, bis er schließlich zusammenbrach. Als ihm nach dieser Qual noch immer nicht das dringend gewünschte Schimpfwort „Arschloch" über die Lippen kam und er in eine erschöpfende Diskussion verwickelt worden war, gab Sarge ein Statement ab, in dem er festhielt, dass er das betreffende Wort nicht mit irgendeiner Absicht sagen werde. Diesen Etappensieg konnten die Wärter annehmen, da sie ihn nun doch dazu gezwungen hatten, das Wort auszusprechen. Voll Freude über den Ausgang ihres langwierigen Kampfes wurde der Häftling zur Strafe dafür, ein Schimpfwort benutzt zu haben, zu weiteren Liegestützen verdonnert.

Erst die Ankunft von Christina Maslach, einer ebenfalls angesehenen Psychologin, der späteren Ehefrau Zimbardos, brachte die entscheidende Wendung in diesem schon hoffnungslos entglittenen Experiment. Nach nur kurzer Beobachtung der Geschehnisse im Keller der psychologischen Fakultät Stanfords vermochte sie die Sachlage richtig einzuschätzen und konnte Zimbardo

davon überzeugen, dass er die emotionale Instabilität
der jungen Teilnehmer seiner Studie selbst zu verantworten habe und dadurch nicht nur die Häftlinge, sondern auch die Wärter in eine bedrohliche Lage gebracht
habe. Philip Zimbardo beschloss daraufhin, das Experiment nach nur fünf Tagen zu beenden.

» Alltäglicher Nutzen des Zimbardo-Experiments

Das Stanford-Prison-Experiment gehört zum Schulstoff
der Oberstufe, wird regelmäßig in allen möglichen Medien erwähnt, dient als Vorlage für Filme und Bücher
und ist in gleich mehreren Studienrichtungen ein wich-
tiger Teil des Lehrplans. Die Wahrscheinlichkeit, dass
Sie es schon kennen, ist daher groß.
Dass Philip Zimbardos Experiment trotzdem so
umfangreich dargestellt wurde, liegt zweifellos daran,
dass es auf so vielen Ebenen, die Menschen auf der ganzen Welt betreffen, aufschlussreich ist und sehr plakativ
einen düsteren Teil der menschlichen Seele zu offen-
baren scheint.
Die dramatischste Conclusio von Zimbaros Studie ist
die Erkenntnis, dass Böses in allen Menschen steckt
und, so suggeriert es zumindest dieses Experiment, nur
darauf wartet, unter den richtigen Rahmenbedingun-
gen zum Vorschein zu kommen. Aus gebildeten, jungen, hoffnungsfrohen und offenen Studenten wurden

in kürzester Zeit verrohte und brutale Faschisten oder jammernde Häuflein Elend. Aus erfolgreichen und für ihre Freundlichkeit und Hilfsbereitschaft bekannten Wissenschaftlern wurden skrupellose Verbrecher, die menschliches Verhalten – ohne Rücksicht auf die Lage ihrer Probanden zu nehmen – sezieren und manipulieren. Wie sehr die situativen Bedingungen über das Schicksal und Verhalten einer Person bestimmen, in welchem Ausmaß belastende Umgebungen gewalttätige Handlungen begünstigen, ist für die Erforschung der Auslöser von Kriminalität und Grausamkeit auch durch die Stanford-Prison-Studie zum zentralen Thema geworden.

Die spektakulären Auswirkungen, die das Gefühl von Autorität auf die menschliche Psyche haben kann, sind im von Zimbardo angeleiteten Experiment ebenfalls besonders eindringlich dargestellt. Egal, welche Insignien der Macht jemand gerade trägt – einen weißen Arzt-Kittel, eine Polizeiuniform oder die beliebtesten Turnschuhe der Saison –, sie werden sich auf die eine oder andere Weise auf das Verhalten und die psychische Konstitution auswirken. Der Eindruck von Autorität scheint Menschen zu den merkwürdigsten Reaktionen zu beflügeln. Viele Schüler kennen das manische Glitzern in den Augen machttrunkener Lehrer, die kurz davor sind, eine völlig sinnlose Strafe zu vergeben, Angestellte kennen den freudig-hysterischen Ton, der in den Vorwürfen ihrer Vorgesetzten mitschwingt, und die Häftlinge des Stanford Prison hatten gelernt, den federnden Gang ihrer Wärter zu fürchten, kurz bevor diese sich eine besonders perfide Form der Bestrafung für sie ausgedacht hatten. Das Merkwürdigste an dieser Beobachtung ist aber nicht, wie schnell sich bis dahin friedliche und vernunftbegabte Personen in Superschurken verwandeln, nur weil ihnen, oft nur für kurze Zeit und oft nur für verschwindend kleine Bereiche, Macht verliehen wird. Wirklich verblüffend ist, dass ihre Opfer sie gewähren lassen, ja vor Furcht erzittern, statt sie ganz einfach auszulachen und ihrer Wege zu gehen.

Natürlich profitiert auch die Gefängnisforschung von diesem Experiment. Einrichtungen, die eigentlich zur Resozialisierung gedacht sein sollten und genützt werden könnten, scheinen die Neigung zu Gewaltverbrechen nicht einzudämmen, sondern viel eher zu verstärken. Die Rückfallquoten nach Gefängnisaufenthalten sind nach wie vor enorm. Unter Bezugnahme auf Zimbardos Experiment wurde zumindest versucht, Möglichkeiten zu finden, das Gefängnisklima zu verändern und unterstützender zu gestalten.

Gerade für angehende Psychologen stellt sich bei der Lektüre des Experiments immer wieder dieselbe drängende Frage: Wie konnte Zimbardo, der so viel über psychologische Effekte wusste, eben diesen Effekten selbst auf den Leim gehen? Tatsache ist, dass Psychologen, obwohl sie sehr viel über das Verhalten und auch die Bedürfnisse und Motive von Menschen lernen, zur Überraschung vieler Nicht-Psychologen nicht davor gefeit sind, wissenschaftliche Erkenntnisse, über die sie stundenlang referieren können, zu ignorieren, sobald es um das eigene und alltägliche Leben geht.

Gefährliche Danerianer

*„In jedem Vorurteil steckt ein Fünkchen Wahrheit", heißt es
immer wieder, wenn mit haltlosen Stereotypen argumentiert
wird. Eugene Hartley ging dieser küchenpsychologischen
Weisheit auf den Grund und erfuhr erstaunliche Details über
die gesellschaftliche Stellung der Danerianer.*

Haben Sie schon einmal von den Danerianern gehört?
Und wie steht es mit den Walloniern und den Pireni-
anern? Wären Sie gerne mit einem Vertreter dieser
Gruppierungen befreundet? Oder stehen Sie vielleicht
doch auf dem Standpunkt, dass sich Gleiches besser
zu Gleichem gesellt und Sie sehr gut ohne Danerianer
auskommen? Bevor Sie an Ihrer Allgemeinbildung zu
zweifeln beginnen, sei Ihnen versichert, dass es kein
Wunder ist, dass Ihnen weder die Danerianer noch die
Wallonier oder die Pirenianer bekannt sind. Alle drei
sind an Volksgruppen erinnernde Begriffe, die dem Er-
findungsgeist des Psychologen Eugene Hartley, vormals
Horowitz, entsprungen sind. Wie sein Namenswech-
sel von einem jüdischen zu einem amerikanischen
Familiennamen erahnen lässt, hatte Hartley in der Zeit
des Nationalsozialismus mit Vorurteilen zu kämpfen,

was zum einen zur Amerikanisierung seines Nachnamens im Jahr 1942 geführt haben dürfte, zum anderen ein Grund für sein Interesse an der Erforschung der Entstehung von Vorurteilen gewesen sein könnte. Der im Jahr 2002 verstorbene Wissenschaftler widmete seine Arbeit den Schwierigkeiten, mit denen Minderheiten zu kämpfen haben, angefangen von Gruppeneffekten bis hin zur Frage, unter welchen Umständen Menschen besonders intolerant sind.

Eines von Hartleys heute beinahe in Vergessenheit geratenen Experimenten beschäftigt sich mit der Annahme, dass Vorurteile die Folge von negativen Erfahrungen mit Vertretern einer bestimmten Gruppe sind. Demzufolge dürften Ressentiments gegenüber einer Gruppe nur dann entstehen, wenn man Bekanntschaft mit zumindest einer Person dieser Gruppe gemacht hat und wenn diese Bekanntschaft als unangenehm empfunden wurde. Doch Hartley zweifelte an dieser Hypothese und wollte sie durch einen Versuch überprüfen. Zu diesem Zwecke wandte er sich an mehrere amerikanische Universitäten, um dort junge, gebildete, vielversprechende Studierende zu befragen, von denen erwartet wurde, dass sie in einigen Jahren verantwortungsvolle Positionen in Wirtschaft und Wissenschaft übernehmen würden. Die Kontakte zu den als Versuchsort gewählten Universitäten bestanden bereits, und Hartley nutzte seine persönliche Bekanntschaft zum Lehrpersonal, um seine Fragebögen an eine möglichst große Stichprobe von Studenten auszugeben. Um dafür zu sorgen, dass diese teilnehmenden, nicht eingeweihten Versuchspersonen einander nicht zu ähnlich waren, bemühte sich der Wissenschaftler, möglichst unterschiedliche Bildungseinrichtungen einzubinden. Dadurch wollte er sicherstellen, dass die Probanden verschiedene soziale und wirtschaftliche Hintergründe abdeckten und durch voneinander differierende universitätsspezifische Philosophien und Grundanschauungen geprägt waren. Unter anderem entschied sich Eugene Hartley dafür, die Columbia und die Princeton University, zwei renommierte und international bekannte Universitäten, in seine Untersuchung aufzunehmen. Es ist nicht ungewöhnlich, dass Fragebögen an Universitäten ausgegeben werden, schließlich ist hier der schnelle und unkomplizierte Zugang zu Hundertschaften von bemühten, eifrigen und motivierten Ausfüllern gewährleistet. Daher dürften sich die Studenten kaum darüber gewundert haben, dass sie nach einer Lehrveranstaltung um die Beantwortung einiger Fragen gebeten wurden und ein wenig länger bleiben mussten.

Zunächst wurden die 144 Teilnehmer nach ein paar persönlichen Angaben gefragt, unter anderem nach ihrer Zugehörigkeit zu bestimmten Gruppen. Waren sie selbst oder ihre Eltern Amerikaner? Franzosen? Polen? Atheisten? Faschisten? Oder vielleicht doch Sozialisten? Vermutlich haben die meisten der Befragten an dieser Stelle noch routinemäßig ihre Kreise um die richtigen Antworten gezeichnet. Nur wenigen unter ihnen dürften die Antwortmöglichkeiten „Danerian", „Wallonian" und „Pirenean" aufgefallen sein, von denen sie sich schlicht nicht betroffen fühlten. Wie auch, schließlich hatte Hartley diese Gruppierungen frei erfunden. Diese Finte war für den zweiten Teil des Fragebogens wichtig, in dem die Studenten nun die zuvor gelesenen Gruppierungen bewerten sollten. Ihnen standen acht Antwortkategorien zur Verfügung, um ihre Beziehung zu den aufgezählten Personengruppen darzustellen. Würden sie es erstens gerne sehen, wenn die Vertreter dieser Gruppe des Landes verwiesen würden, oder sie zweitens nur als Besucher akzeptiert werden sollten, ihnen drittens die Staatsbürgerschaft verliehen werden dürfte oder ihnen viertens gestattet werden könne, in derselben Branche im selben Land wie der Befragte zu arbeiten? Die fünfte Antwortmöglichkeit schlug vor, Gruppenmitglieder als Klassenkameraden in der Schule zu akzeptieren, sechstens konnten die Befragten angeben, eine Nachbarschaft nicht als Bedrohung zu empfinden und siebtens die Vertreter der aufgelisteten Gruppen als Freunde in ihren Club aufnehmen zu wollen. Als achte Möglichkeit stand es den Befragten frei anzugeben, dass sie bereit wären, die entsprechenden Personen zum Beispiel durch Heirat in ihre Familie aufzunehmen. Die Studenten konnten von eins bis acht werten, wobei eins für eine sehr negative und acht für eine sehr positive Einstellung stand. Insgesamt sollten 32 Ethnien, sieben religiöse Gemeinschaften, sieben politische Gruppen und eben Eugene Hartleys drei Fantasievölker, die Danerianer, Wallonier und Pirenianer, bewertet werden, mit denen sie naturgemäß keinerlei Erfahrung gesammelt haben konnten.

Folgt man der vorgestellten Hypothese, dass Vorurteile nur infolge negativer Erfahrungen entstehen, hätten die Danerianer, Wallonier und Pirenianer bei dieser Befragung entweder gut oder zumindest neutral eingestuft werden müssen. Sollten die Studenten bei der Bewertung dieser drei Fantasiegruppen ins Stocken geraten sein, so sieht man es den Ergebnissen von Hartley/Horowitz nicht an. Insbesondere die Danerianer wurden ausgesprochen schlecht bewertet: Sie wurden als beinahe genauso unangenehm wie Nationalsozialisten eingeschätzt, was insbesondere zur Zeit der Untersuchung (sie wurde 1946 publiziert) gleichermaßen überraschend wie erschreckend ist.

Eugene Hartley stellte bei der Auswertung seiner Ergebnisse fest, dass nicht nur negative Erfahrungen, sondern auch die Informationslage eine wichtige Rolle bei der Entstehung von Vorurteilen spielen. Je weniger wir über einen Sachverhalt oder eine Person wissen, desto kritischer stehen wir diesen unbekannten Inhalten gegenüber. Außerdem machte der Psychologe noch eine interessante Beobachtung: Jene Studenten, die seine Fantasievölker ganz besonders negativ bewertet hatten, waren auch auf alle anderen zur Auswahl gestellten Gruppen nicht besonders gut zu sprechen und vergaben insgesamt eher niedrige Punktezahlen. Hartley interpretierte dieses Antwortverhalten folgendermaßen: Es scheint Menschen zu geben, die besonders intolerant sind und für deren Vorurteile es keineswegs Gründe gibt, die in den von diesen Ressentiments betroffenen Gruppen liegen. Ihre Engstirnigkeit hat nichts mit ihren Erfahrungen mit anderen Menschen zu tun, sondern mit einer insgesamt misanthropischen Haltung und Persönlichkeitsstruktur.

>> Alltäglicher Nutzen des Hartley-Experiments

Hartley ist mit seiner einfachen Untersuchung der Beweis dafür gelungen, dass die Vorurteile, mit denen sich viele Personen konfrontiert sehen, egal ob sie Religion, Herkunft, Haarfarbe oder Vornamen betreffen, nicht „auf einem Fünkchen Wahrheit beruhen müssen", um geglaubt zu werden, wie es häufig heißt. Die Bereitschaft, sich mit vereinfachenden Konstrukten zur Erklärung der Welt und fremder Menschen zufriedenzugeben, scheint ein bedauernswertes Persönlichkeitsmerkmal zu sein.

Hartleys Experiment ist auch im Hinblick auf die Forschungsmethode Fragebogen, die viele Psychologen bevorzugen, ausgesprochen aufschlussreich. Was bedeutet es, dass Probanden der Fantasie eines Psychologen entsprungenen Gruppen bewerten, ohne mit der Wimper zu zucken? – Offenbar antworten viele Menschen lieber nach dem Zufallsprinzip, als eine Wissenslücke zuzugeben, eingestehen zu müssen, einen Begriff nicht richtig zu verstehen, oder die Frage für ungünstig formuliert zu halten. Folglich beziehen sich Psychologen überall auf der Welt mit großer Wahrscheinlichkeit seit Jahrzehnten auf Ergebnisse, die aus Fragebögen gewonnen wurden, die von den Studienteilnehmern nur halbherzig ausgefüllt worden waren, weil es ihnen unangenehm war zuzugeben, dass sie ein Wort nicht zuordnen konnten.

Über Rhesusäffchen und die Liebe

Junge Eltern werden oft mit einer ganz besonders eindringlichen Warnung konfrontiert: Sie sollen ihre Säuglinge nicht zu sehr verwöhnen. Ständiges Herumtragen oder gar zu langes Stillen würde sie zu unselbstständigen und wehrlosen Erwachsenen werden lassen. Harry F. Harlow konnte mit seinen umstrittenen Experimenten an Rhesusäffchen schon in den 1950er-Jahren eine schlagfertige Antwort liefern.

Die Psychologie wird gelegentlich als Wissenschaft abgetan, die an den tatsächlichen Interessen und Nöten der Menschen vorbeiforscht. Die scheinbare Abgehobenheit mancher wissenschaftlichen Fragestellung sorgt für Desinteresse und es entsteht zuweilen der Eindruck, Psychologen würden alltagsrelevante Themen meiden. Dieses Verhalten wird verständlicher, sobald man sich die Komplexität der Kuriositäten, mit denen wir Tag für Tag konfrontiert sind, vor Augen führt.

Nehmen Sie zum Beispiel die Liebe. Wer würde sich schon zutrauen, mit den verhältnismäßig schlichten naturwissenschaftlichen Möglichkeiten, die uns zur Verfügung stehen, etwas so Intimes, ständig Veränder-

liches, schwer zu Fassendes wie die Liebe zu untersuchen? Wissenschaft wird leider nicht immer durch Interesse, sondern ganz besonders von den zur Verfügung
stehenden Methoden geleitet.

Jener tollkühne Psychologe, der sich eben doch an
die Liebe herantraute, weist schon in den allerersten
Sätzen seiner Studie darauf hin, dass sich in Gedichten
mit großer Wahrscheinlichkeit mehr Wahres über sie
finden lässt als in den Büchern der Psychologen, obwohl diese sich doch der Erforschung des Erlebens und
Verhaltens des Menschen verschrieben haben. Harry F.
Harlow, der 1905 als Harry Israel in Iowa zur Welt kam,
war nichtsdestotrotz so beeindruckt von seinen eigenen
Forschungsergebnissen, dass er seine Ergebnisdarstel-
lung mit dem nicht gerade bescheidenen Versprechen
„The Nature of Love" betitelte.

Der vielversprechende Stanford-Absolvent hatte in
der Primatenforschung schnell sein Spezialgebiet gefunden und sich für die University of Wisconsin ein zunächst überschaubares Primatenlabor in den Räumlichkeiten einer alten Fabrik eingerichtet. Zu Beginn seiner
Forschungsaktivität beschäftigte Harlow sich insbesondere mit dem Erinnerungsvermögen und der Intelligenz
von Affen. Schon bald rückte ihr Sozialverhalten in den
Vordergrund seines Interesses und er begann Ende der
1950er-Jahre Experimente an Rhesusäffchen durchzuführen, die fortan ein ganz besonders erschreckendes
Beispiel für Grausamkeit in der psychologischen Forschung darstellen würden. Haben Sie schon einmal ein
Rhesusäffchen gesehen? Sie haben winzige, ein wenig

zerknautschte Gesichter, riesige, dunkle, aufgeweckte Augen und ein flauschiges graubraunes Fell, aus dem große, fast durchsichtig scheinende, unbehaarte Ohren hervorlugen. Nicht nur die menschliche Reaktion auf Rhesusäffchen „Süüüüß!! Wie putzig!! Darf ich mal streicheln?" ähnelt jener auf kleine Kinder, sondern auch das Sozialverhalten der Äffchen ist, zumindest in den ersten Wochen und Monaten, durchaus mit jenem menschlicher Kinder zu vergleichen. Nicht nur die Entwicklung der Wahrnehmungsfähigkeit, von Gefühlen wie Angst und Frustration, sondern auch Lernprozesse entwickeln sich bei beiden Neugeborenen zunächst in vergleichbaren Sequenzen. Um mehr über das Bindungsverhalten und die Liebe zu erfahren, die Mütter und Kinder miteinander verbindet, waren diese Äffchen daher für Harlow wunderbare Versuchspersonen.

In mehreren Vorlaufprojekten hatten Harry F. Harlow und seine Mitarbeiter entdeckt, dass die Überlebensrate von Äffchen, die – von ihren Müttern getrennt – nicht nur gefüttert worden waren, sondern auch einen Käfig zur Verfügung hatten, der mit kuscheligem Material ausgestattet war, deutlich höher war als die jener Affen, die in einem Käfig mit lediglich kalten Gitterstäben aus Metall leben mussten. Was war es, das den Äffchen in den nicht ausgekleideten Käfigen so fehlte? Sie wurden genau wie ihre Artgenossen regelmäßig gefüttert, mussten weder Kälte leiden noch waren sie mehr Lärm oder unfreundlicheren Mitarbeitern ausgesetzt. Neugierig diskutierten die beteiligten Psychologen mögliche Gründe. Fehlte den Äffchen die Mutter so sehr, dass sie sogar mit einem Stück Stoff vorliebnahmen? Ging es tatsächlich um die Mutter oder nur um das weiche Textilstück, in das sich die wenigen Tage alten Tiere kuscheln konnten? Schnell war der Entschluss gefasst, die Reaktionen von Affen auf künstliche, aus Draht gebastelte Mutterfiguren zu untersuchen. Eine sorgsam proportionierte, in Stoff gewickelte Puppe mit einer milchspendenden Brust, ausgestattet mit einer Wärmelampe, sollte die ideale, unendlich geduldige und niemals wütende Affenmutter darstellen. Außerdem konstruierten die Psychologen ein Draht-Modell, das zwar auch Wärme ausstrahlte und Milch geben konnte, aber nicht in weichen Stoff gehüllt worden war, dem Affenkind also keine Möglichkeit bot, physischen Kontakt aufzubauen.

An die Käfige von vier neugeborenen Äffchen wurden zwei voneinander getrennte Karton-Einheiten gehängt. Sie beinhalteten eine in Stoff gewickelte Mutterpuppe, die Milch geben konnte, und eine aus Draht bestehende Mutterpuppe, die nicht in der Lage war, Milch zu geben. Vier andere gleichaltrige Affen erhielten ebenfalls zwei Mutterpuppen, wobei hier nur die Drahtfigur Milch abgab. Die jungen Tiere hatten zu jeder Zeit die Möglichkeit, in die Kartoneinheiten zu krabbeln und Kontakt zu den Figuren zu suchen.

Man muss an dieser Stelle Harlow zu Gute halten, dass er streng darauf achtete, dass die Säuglinge mit genug Milch versorgt wurden und ihnen zusätzlich zur Möglichkeit, Futter aus den Mutterpuppen zu beziehen, Milchrationen geboten wurden. Außerdem versuchte er, den Äffchen den Aufenthalt im Käfig mit Hilfe von

Heizkissen ein wenig gemütlicher zu machen. Harlow beobachtete die Äffchen und notierte minutiös, wie viel Zeit sie bei welcher „Mutter" verbrachten und wie häufig sie den Kontakt zu welcher der Figuren suchten. Wenn Sie eine Vermutung anstellen müssten, welche die beliebtere Attrappe gewesen ist, welches Kriterium erschiene Ihnen am wichtigsten? Aus welchem Grund sollten die Äffchen immer wieder ihre mit Heizkissen ausgelegten Käfige verlassen? Es wäre naheliegend, dass sie eher jene Puppe vorziehen, die sie mit Milch versorgt, also lebenswichtige Nahrung bereitstellt. Überraschenderweise konnten Harlow und seine Kollegen aber feststellen, dass die Tiere sowohl in der Gruppe, in der die Stoffpuppe Milch geben konnte und die Drahtpuppe nicht, als auch in der Gruppe von Affen, in der es umgekehrt war, die weiche Attrappe also nicht als Nahrungsquelle dienen konnte, die in flauschiges Textil gewickelte Mutterfigur deutlich bevorzugt wurde. Das Bedürfnis nach Milch wurde also völlig durch etwas Anderes überschattet.

Aus dieser Beobachtung konnte geschlossen werden, dass nicht so sehr die Bereitstellung von materiellen Ressourcen wie Futter im Vordergrund der Mutter-Kind-Beziehung steht, sondern dass der Körperkontakt zu Kleinkindern sehr bedeutungsvoll ist. In den rigiden 1950er-Jahren war das eine wichtige und unerwartete Beobachtung. Im zu dieser Zeit in der Psychologie herrschenden Behaviorismus wurde leise die Frage gestellt, ob Kinder nicht ohne die Einmischungen ihrer als fehlgeleitet und übervorsichtig eingestuften Mütter besser beraten wären. Erziehungsratgeber warnten vor der Verweichlichung von Kindern, und Stillen war keine Selbstverständlichkeit, sondern in manchen Kreisen geradezu anstößig und vulgär. Harlow betonte entgegen der zur damaligen Zeit populären Meinung, dass Mütter als Hafen der Sicherheit in Krisenzeiten für Kinder eine kaum abschätzbar große Rolle spielen. Diese These überprüfte er, indem er seine tierischen Probanden erschreckte und befriedigt feststellte, dass sie sich ängstlich aus ihren Käfigen auf die Textilmütter stürzten und sich wie Ertrinkende an ihnen festklammerten. In dieser Situation schien der Umstand, welche Figur Futter spenden kann, absolut bedeutungslos zu sein. Ist das Bedürfnis nach liebevoller Zuwendung also sogar stärker als der Wunsch, körperliche Bedürfnisse zu befriedigen? Harlows Interpretation seiner Erkenntnisse ist bemerkenswert und im Schlusswort seines Artikels von 1958 knapp und prägnant zusammengefasst:

„The socioeconomic demands of the present and the threatened socioeconomic demands of the future have led the American woman to displace, or threaten to displace, the American man in science and industry. If this process continues, the problem of proper child-rearing practices faces us with startling clarity. It is cheering in view of this trend to realize that the American male is physically endowed with all the really essential equipment to compete with the American female on equal terms in one essential activity: the rearing of infants."

[(Sinngemäß übersetzt:) Aktuelle sozialwirtschaftliche Anforderungen bzw. sich ankündigende sozialwirtschaftliche Trends weisen darauf hin, dass die amerikanische Frau den amerikanischen Mann in Wissenschaft und Industrie ersetzen wird. Wenn diese Prognose sich bewahrheitet, hat dies zur Folge, dass wir uns mit Fragen der richtigen Kindererziehung auseinandersetzen werden müssen. Beruhigend an dieser Perspektive ist, dass der amerikanische Mann physisch bestens ausgestattet ist, um sich mit der amerikanischen Frau auf Augenhöhe in einer wichtigen Tätigkeit zu messen: der Kinderbetreuung.]

Der in Biografien als bärbeißig und grimmig beschriebene Psychologe Harlow folgert aus seinen Beobachtungen, dass der zaghafte Aufbruch der Damenwelt der 1950er-Jahre in die bis dahin von Männern dominierte Welt der Wissenschaft und Wirtschaft absolut kein Grund zur Sorge ist, da Männer, rein physiologisch gesehen, ebenso wie Frauen in der Lage sind, Kinder aufzuziehen.

>> Alltäglicher Nutzen des Harlow-Experiments

Obwohl Harry F. Harlows Experiment ethisch ausgesprochen problematisch war, konnte der Psychologe damit in vielerlei Hinsicht zur heutigen Psychologie beitragen. In einer Zeit, in der die kognitiven Fähigkeiten von Kleinkindern als äußerst eingeschränkt dargestellt wurden und der Mainstream der Psychologie zu beweisen versuchte, dass menschliches Verhalten allein auf Reizen und den Reaktionen auf diese Reize basiert, stellte Harlow ein für den Behavioristen zutiefst unpsychologisch anmutendes Thema in den Vordergrund seiner Forschung: Die Liebe zwischen Mutter und Kind. Er konnte mit seiner Versuchsanordnung zeigen, dass Säugetiere nicht nur auf nutzbringende soziale Beziehungen reagieren und diese vertiefen, sondern dass offenbar auch andere Faktoren als die Befriedigung der Grundbedürfnisse eine Rolle im Aufbau von Bindung spielen. Diese Erkenntnis spielt zum Beispiel in der Pädiatrie eine wichtige Rolle. Zu Harlows Zeit war es üblich, ein Kind sofort nach der Geburt von der Mutter zu trennen. Heute werden Mutter und Kind wertvolle Momente miteinander gestattet, die den Beginn ihrer Beziehung zueinander markieren.

Auch die Sorge, Kinder zu sehr zu verwöhnen, indem die Eltern auf ihr Schreien oder Weinen zu früh reagieren oder sie mit sich herumtragen, wurde durch Harlows Experiment beruhigt und ist heute in der Kindererziehung nicht mehr von Belang. Die heute so selbstverständlich erscheinende Bedeutung elterlicher Zuwendung und Nähe war noch vor wenigen Jahrzehnten kaum erforscht und unterschätzt. Dass sie heute als integraler Bestandteil der Kindererziehung gilt, ist unter anderem den grausamen Experimenten von Harry F. Harlow zu verdanken.

Die Rache der
Klapperschlangen

*Der souveräne Umgang mit Konflikten ist in der Politik genau
wie im Familienleben ebenso wünschenswert wie schwierig.
Wie gelingt es, zerstrittene Geschwister miteinander zu
versöhnen? Wie lassen sich verfeindete Gruppen einander
wieder näherbringen? In einem Ferienlager mitten in den
amerikanischen Wäldern wurden interessante Ansatzpunkte
gefunden, die heute unter anderem im Umgang mit
Häftlingen genützt werden.*

„Nieder mit den Adlern, nieder mit den Adlern!", skan-
dierte beinahe ein Dutzend elfjähriger amerikanischer
Buben, das sich unaufhaltsam dem feindlichen Lager
näherte. Nur mehr wenige Meter trennten die „Klapperschlangen" davon, endlich Rache an ihren gefürchteten Widersachern, den „Adlern", zu üben. Kaum ein
alarmierter Beobachter, der diesen aufgebrachten und
angriffslustigen Bienenschwarm durch die Zedern-
wälder der Sans Bois Mountains in Oklahoma streifen
sah, hätte den Hintergrund ihrer Empörung erraten
können: eines der besonders außergewöhnlichen und

wesentlichen psychologischen Experimente des zwanzigsten Jahrhunderts.

Kopf der ungewöhnlichen Versuchsanordnung war der türkische Sozialpsychologe Muzafer Sherif, dessen Forschungsschwerpunkt das Verhalten und Erleben von Menschen in Gruppen bildete. Der im Jahr 1906 in eine kinderreiche Familie geborene Sherif wurde während des Griechisch-Türkischen Kriegs beinahe getötet und sah sich im Laufe seines Lebens noch häufiger mit den oft erschreckenden und verheerenden Auswirkungen von Gruppenkonflikten konfrontiert.

Sein erster Forschungsaufenthalt in Amerika fiel zeitlich mit der 1929 begonnenen Weltwirtschaftskrise zusammen. Während seines Studienjahres in Berlin wurde er Augenzeuge der Machtübernahme durch Adolf Hitler. Mit seinen zahlreichen Artikeln, in denen er das NS-Regime kritisierte, verärgerte er die türkische Regierung und wurde kurzerhand bei einem Strafmaß von 27 Jahren inhaftiert. Unterstützt durch das Drängen zahlloser Studenten, kam Sherif aber bereits nach vier Monaten wieder frei und widmete sein Leben in den USA der Erforschung von Gruppen.

Muzafer Sherif fand an den ungewöhnlichsten Orten Ansätze, um zu forschen – schließlich treffen überall und ständig Menschen aufeinander, wodurch sich unweigerlich zum Teil skurrile, zum Teil bedrohliche Gruppendynamiken entwickeln können. Herausfordernd an diesen spontanen Begegnungen ist, dass sie nur schwer experimentell zu erfassen sind: Bevor Psychologen die nötigen Vorbereitungen getroffen haben, um sie methodisch sauber zu erfassen, sind viele hochinteressante menschliche Konfrontationen bereits vorbei und entziehen sich so der Dokumentation und Analyse.

Dieser Schwierigkeit begegnet die Psychologie häufig mit Laboruntersuchungen, die allerdings nur eine beklagenswert unvollkommene Nachahmung der Realität darstellen können. Wie sollen Phänomene wie Aggression, Konflikt, Attribution oder die Entstehung von Feindbildern also untersucht werden, ohne durch die Vorinformation der Versuchspersonen oder durch die Erwartungen der Versuchsleiter völlig verfälscht zu werden?

Um solche gefürchteten Verzerrungen zu vermeiden, wählte Muzafer Sherif für seine Studien einen Ort, an dem alle gewünschten Phänomene mit Sicherheit und auch über einen längeren Zeitraum beobachtet werden können: ein Ferienlager. Dort war gewährleistet, dass größere Gruppen junger Menschen zumindest über ein paar Tage zusammenlebten und automatisch komplexe, im Labor nicht beobachtbare Gruppeneffekte aus ihrem Zusammentreffen entstehen würden.

Phase 1

Hätten die 22 weißen, protestantischen, völlig unauffälligen elfjährigen Buben aus bürgerlichen Verhältnissen vorher gewusst, welchen Strapazen sie in den folgenden Wochen ausgesetzt sein würden, wären sie vermutlich mit einem mulmigeren Gefühl im Bus Richtung Robbers Cave State Park gefahren, einem malerischen Ort, wo inmitten von jahrhundertealten Bäumen, buschigen

Haselnuss-Sträuchern, eiskalten Bächen und tiefgrünen Quellen ein weitläufiges Areal als Ferienlager auf sie wartete. Dieses Areal bot Platz für zwei Gruppen, die außer Hörweite voneinander ihren täglichen Beschäftigungen wie Schwimmen, Grillen, Wandern, Fußballspielen oder Fischen nachgehen konnten. Die Psychologen entschieden sich dagegen, die überschaubare Gruppe von 22 Kindern ganz einfach miteinander spielen zu lassen, sondern schufen optimale Bedingungen für einen Gruppenkonflikt, indem sie die Elfjährigen in zwei Mannschaften teilte.

Hierbei wurde darauf geachtet, dass die Fähigkeiten der Kinder in beiden Gruppen so ausgewogen wie möglich vertreten waren. In beiden Lagern sollten sich also etwa gleich viele sportliche, geschickte oder logisch begabte Kinder finden. Zunächst verheimlichten die Versuchsleiter den Buben, dass sich noch eine andere Gruppe in unmittelbarer Nähe befand.

Dies Kinder wurden einander nun durch verschiedene Gruppenaktivitäten nähergebracht: Sie lebten gemeinsam in einem von der anderen Gruppe isolierten Lager, erzählten sich ihre Geheimnisse, spielten miteinander Baseball, entdeckten eine versteckte Schwimmgelegenheit und waren bereits nach kurzer Zeit eine eingeschworene Truppe, die, gerade wenn es um Baseball ging, nach einer gegnerischen Mannschaft verlangte, um die gemeinsam ausgebildeten Fähigkeiten im Spiel beweisen zu können. Aus psychologischer Sicht war dieses Bedürfnis nicht nur Folge des Wunsches danach, sich zu messen. Kaum etwas stärkt die Identität und die Zusammengehörigkeit einer Gruppe so sehr wie ein Feindbild, von dem sie sich abgrenzen und distanzieren kann.

Bereits nach kurzer Zeit bildeten sich Gruppennormen heraus, an die sich alle Buben hielten: Es entstand eine klare Hierarchie mit Entscheidungsträgern, Strategen und Kritikern. Die Kinder stellten einen Ehrencodex auf, nach dem selbst bei leichten Verletzungen nicht gejammert und geweint wurde; außerdem war der großzügige Gebrauch von Schimpfwörtern in Gruppe A gern und mit Bewunderung gesehen und unterstützt.

Schließlich gaben die Elfjährigen ihrer Gruppe einen Namen und entwarfen ein Logo. Die „Tom Hale Rattlers" waren geboren, deren Zunft durch eine furchterregende, in Orangetönen gehaltene Klapperschlange auf dunklem Hintergrund ausgewiesen wurde. Banden-T-Shirts wurden gestaltet, um auch aus der Ferne als waschechte Klapperschlangen erkennbar zu sein. Außerdem bemalten die Buben eine riesige Flagge mit ihrem Emblem, die das Camp als ihr Refugium markierte.

Schon am nächsten Tag sollten die Klapperschlangen ihre erste Begegnung mit dem langersehnten Feind machen. Eine Abendwanderung nach dem Essen wurde von den teilnehmenden Psychologen so geplant, dass die fröhlich fluchenden, durch ihre neuen Uniformen geadelten Klapperschlangen sich in Hörweite der Baseball spielenden anderen Gruppe durch das Dickicht schlugen. Sofort äußerten sie den Wunsch, die andere Gruppe herauszufordern und zu besiegen. Das Baseballfeld, auf dem diese Banausen ihre lausigen und leicht zu durchschauenden Spielzüge probten, wurde von den Kindern als ihr Terrain wahrgenommen, da sie bis dahin ebenfalls auf diesem Platz trainiert hatten. Brüskiert mussten sie feststellen, dass die Nutzung des Feldes keineswegs exklusiv war, wie sie bis dahin angenommen hatten.

Am nächsten Nachmittag wurden die Buben von der Campleitung offiziell darüber informiert, dass sich eine weitere Gruppe junger Camper auf dem Gelände befand und sich in einem oder sogar mehreren Spielen mit ihnen messen wollte. Auf der Stelle begannen die Klapperschlangen, sich mit großem Enthusiasmus auf mögliche Herausforderungen vorzubereiten, wobei sogar zuvor verpönte Aufgaben wie der leidige Auf- und Abbau der Zelte mit neuem Engagement exerziert wurden. Die Moral und der Zusammenhalt der Gruppe stiegen sprunghaft an, wie besonders an einer Episode an der von den Klapperschlangen bevorzugten Badestelle deutlich wurde: Unterstützt durch das begeisterte und zugleich einfühlsame Anfeuern der anderen, trauten sich die Knaben Everett und Simpson, die bis dahin Nichtschwimmer waren, nicht nur einige Züge zu schwimmen und zu tauchen, sondern sogar von dem zuvor in stundenlanger Arbeit gemeinsam errichteten Sprungbrett zu hüpfen. Die Klapperschlangen, die sich um die beiden scharten, verfielen in einen Begeisterungstaumel, der in einem gemeinsamen Abend am Lagerfeuer gipfelte.

Gruppe B, die ebenfalls erste Tage mit gemeinsamen Aktivitäten im Camp verbrachte, gab sich den Namen

„Eagles", also „Adler", und auch sie entwarf ein eigenes Logo, ohne von der Campleitung dazu angeregt worden zu sein oder die Klapperschlangen bei ihrer Identitätssuche beobachtet zu haben. Auch bei den Adlern etablierten sich nach kurzer Zeit Normen, denen alle Buben bereitwillig folgten, wobei Schimpfwörter in dieser Gruppe nicht nur nicht toleriert, sondern sogar geahndet wurden. Außerdem wurde Heimweh streng verurteilt, während Weinen bei leichten Verletzungen nicht als verwerflich betrachtet wurde. Anders als die Klapperschlangen entschieden die Adler, ein bestimmtes Lied, das bereits im Bus großen Anklang gefunden hatte, ihrer Corporate Identity hinzuzufügen. Bemerkenswert ist, dass das Finden eines Bandennamens, durch den wichtige identitätsstiftende Merkmale der Adler kommuniziert werden sollten, erst von Bedeutung war, als bekannt wurde, dass noch eine andere Gruppe von Campern in den Sans Bois Mountains ihr Unwesen trieb.

Phase 2

Nachdem sowohl die Adler als auch die Klapperschlangen Zeit gehabt hatten, sich mit Leib und Seele ihrer Gruppe zu verschreiben, begann Phase 2 des Experimentes. Das Verlangen der Kinder, sich aneinander zu messen, war keine Überraschung für Muzafer Sherif und entsprach seinem Versuchsdesign, um Gruppenkonflikte zu erforschen.

Nachdem ein Wettkampf zwischen Klapperschlangen und Adlern angekündigt worden war, ließ man den beiden Gruppen einen Tag Zeit, um sich über mögliche Aufgaben und natürlich auch Preise den Kopf zu zerbrechen. Die Fahne der Klapperschlangen wurde im Camp gehisst, wobei Verwünschungen gegen etwaige Eindringlinge ausgesprochen wurden, die sich den Markierungen des Reviers näherten. Der vorsichtig vorgebrachte Vorschlag eines Adlers, Ärger zu vermeiden und sich stattdessen ganz einfach mit der anderen Gruppe anzufreunden, wurde im Keim erstickt.

Am ersten Tag der Wettkämpfe waren beide Gruppen kampflustig und siegessicher. Das Camppersonal machte die Buben mit dem Ablauf des sieben Tage andauernden Wettkampfes bekannt, der sieben unterschiedliche Konfrontationen – von Baseballspielen bis Schatzsuchen – beinhaltete. Das Gewinnerteam sollte mit einem Pokal und mit Taschenmessern belohnt werden, worauf die Buben mit unverhohlener Begeisterung reagierten.

Die Chancen auf den Gewinn schienen zu Beginn des Wettkampfes ausgeglichen, auch wenn der größte Bub zu den Rattlers gehörte, wie von den Adlern mit Missfallen konstatiert wurde.

Trotz dieser scheinbaren Ungerechtigkeit hatten die Klapperschlangen von Anfang an keine Chance, die Wettkämpfe für sich zu entscheiden: die Spiele waren zu Gunsten einer Gruppe manipuliert, nämlich der Adler. Was folgte, waren Spottlieder und wüste Beschimpfungen, die nur sporadisch im Sinne der „Sportlichkeit", die die Gewinner immer wieder betonten, unterbrochen wurden. Bei den nun gemeinsam eingenommenen Mahlzeiten wurden Drohungen ausgesprochen, demonstrativ für den eigenen Sieg gebetet und schließlich äußerten die Klapperschlangen den Wunsch, nicht mehr gemeinsam mit den Barbaren aus dem Adlerlager essen zu müssen.

Besonders auffällig benahmen sich jene Klapperschlangen, die bei Wettkämpfen aussetzen mussten: Keiner schimpfte lauter oder kreativer als Everett und Harrison, die auf diese Weise ihr Engagement zeigen konnten, ohne körperlich in die sportlichen Auseinandersetzungen verstrickt zu sein.

Nach einer schrecklichen Niederlage, diesmal auf Seiten der Adler, kam es zum Show-Down: Die verzweifelten Elfjährigen, zutiefst in ihrer Ehre gekränkt, überlegten sich Spielzüge für den nächsten Tag, als der Blick eines der Kinder auf die auf dem Baseballfeld verbliebene Fahne der Klapperschlangen fiel. Das große, orangefarbene Logo, das provozierend im Wind flatterte, musste verschwinden. Die Adler rotteten sich zusammen, um den Affront so schnell und effektiv wie möglich zu beseitigen. Als die Fahne nach kurzer Zeit vom Mast gerissen werden konnte, war das noch immer nicht genug, um die Ehre ihrer Gruppe zu retten, weshalb sie kurzerhand angezündet wurde. Die verkohlten Überreste hängten die Adler zurück an den Mast, wo sie traurig und verklumpt mehr Ähnlichkeit mit einem toten Regenwurm als einer stolzen Klapperschlange aufwiesen.

Dieser düstere Zwischenfall markierte den Beginn einer Reihe weiterer unerfreulicher Episoden, die die Arbeit der Versuchsleiter erheblich vereinfachte: Die

Kinder sorgten nun ganz von allein für ausreichend Konfliktpotenzial und mussten kaum mehr durch manipulierte Wettkämpfe gegeneinander aufgebracht werden. Die zu Beginn der Turniere so hoch gehaltene Sportlichkeit verlor zunehmend an Bedeutung. Der Gipfel des Konfliktes war nach einer besonders harten und langen Partie Seilziehen erreicht, als die Klapperschlangen blind vor Wut beschlossen, einen nächtlichen Überfall durchzuführen. Schon der Vorschlag hellte ihre Stimmung deutlich auf und die Kinder begannen, sich mit verbissenem Engagement sorgfältig vorzubereiten. Gesichter, Arme und Beine wurden mit der dunklen Erde Oklahomas geschwärzt und der Zeitpunkt, an dem die Adler in den tiefen und glücklichen Schlaf der Sieger fielen, wurde bedächtig ausgekundschaftet. Die Gruppe der Adler hatte allerdings eine Wache postiert, die ihre Kameraden alarmierte, als sich die lärmenden, wütenden Klapperschlangen näherten. Dennoch hinterließen die Eindringlinge Chaos und Zerstörung, worauf die Adler mit ausgeklügelten Vergeltungsplänen reagierten, die die Psychologen allerdings eiligst vereitelten, da dabei auch Steine eingesetzt werden sollten.

Am nächsten Morgen kam es, mit kühleren Köpfen, zu einem Vergeltungsschlag, bei dem das Lager der Klapperschlangen angegriffen wurde. Bei den folgenden Wettkämpfen schwenkten die Klapperschlangen eine im Zuge ihres Überfalls erbeutete Jeans als neue Flagge, worüber die Adler stoisch hinwegsahen, um ihren Sieg nicht durch unflätiges Verhalten zu gefährden. (Inzwischen waren sie überzeugt davon, dass die

Klapperschlangen so wenige Erfolge erzielten, weil sie das Fluchen kultiviert hatten, und achteten peinlich genau darauf, diese lockeren Sitten in ihrer Gruppe nicht einreißen zu lassen). Schließlich nahmen die Raubzüge, gegenseitigen Beschimpfungen und Raufereien so bedrohliche Ausmaße an, dass die Psychologen beschlossen, die Interaktion zwischen den beiden Gruppen zu unterbinden, um Verletzungen zu vermeiden. Die Adler berichteten ihrer Campleitung von den Ereignissen der letzten Stunden, wobei sich während des Erzählens eine Art Heldensaga entspann, die sehr zu Gunsten der Adler ausfiel. Beide Gruppen weigerten sich ab diesem Zeitpunkt, ihre Mahlzeiten in Gegenwart der Feinde einzunehmen. Ihnen wurde nun ein Tag in angenehmer Umgebung und ohne Konfrontation gegönnt, an dem sie den Gruppenzusammenhalt durch gemeinsame Aktivitäten weiter stärkten, wobei besonders darauf geachtet wurde, die schwächeren Mitglieder der Gruppe miteinzubeziehen. Die ausgelassenen Stunden wurden hin und wieder durch das ausgiebige Lästern über die andere Gruppe unterbrochen, deren Mitglieder als Babys und Verlierer bezeichnet wurden.

Phase 3

Erst in Phase 3, bis zu der ein beinahe unlösbar scheinender Konflikt zwischen den Adlern und den Klapperschlangen inszeniert worden war, begann der entscheidende Part des sozialpsychologischen Experimentes, in dessen Mittelpunkt die Versöhnung der beiden Gruppen stehen sollte. Muzafer Sherif hatte zuvor eine sichere und einfache Methode gefunden, um zwei verfeindete Gruppen einander näherzubringen: einen gemeinsamen Feind! Allerdings schien dem Psychologen diese Methode zur Lösung von Streitigkeiten unzureichend, da so nur ein neuer Konflikt an die Stelle des alten treten würde. Stattdessen versuchte er, die Adler und die Klapperschlangen durch miteinander geteilte Ziele und gemeinsam verbrachte Zeit wieder zu vereinen. Dazu legte er heimlich die Trinkwasserzufuhr beider Camps lahm und beobachtete zufrieden, wie die Kinder einander bald halfen und mit vereinten Kräften den fingierten Zwischenfall unter Kontrolle brachten. Doch schon beim Abendessen kam es erneut zu Streitigkeiten und die Adler-Klapperschlangen-Fehde flammte wieder auf. Die beteiligten Psychologen ließen sich von diesem Rückfall nicht verunsichern, sondern bauten auf die friedensstiftende Wirkung eines spannenden Filmes, in diesem Fall „Die Schatzinsel", um die Elfjährigen mit ihren Widersachern zu versöhnen. Nur durch Zusammenlegen der finanziellen Mittel der Kinder konnte die Ausleihgebühr für den Film beglichen werden, der dann einträchtig miteinander verfolgt wurde. Die sich zögerlich entwickelnden Freundschaften wurden durch einen gemeinsamen Zeltausflug besiegelt, bei dem die Buben durch einige weitere Zwischenfälle zur Zusammenarbeit gezwungen wurden und der auch den Abschluss aller psychologischen Einmischungen markierte. Sherifs Interventionen waren von so großem Erfolg gekrönt, dass jene Buben, die sich noch wenige Tage zuvor spinnefeind waren, nun vergnügt ihren Abschlussabend miteinander verbrachten und am nächsten Tag darauf bestanden, gemeinsam im Bus nach Hause zu fahren. Auf dem Rückweg luden die Klapperschlangen, die noch etwas mehr Geld in ihrer Gemeinschaftskasse hatten, die Adler in einer der rustikalen Raststätten Oklahomas auf ein Milchgetränk ein, mit dem sie auf ihren tollen Sommer anstießen.

» Alltäglicher Nutzen der Sherif-Experimente

Obwohl Sherifs Ferienlagerexperimente mehr als 60 Jahre zurückliegen, ist kaum ein klassisches Experiment der Psychologie so nachvollziehbar und so nah am heutigen Alltagsleben wie diese Untersuchungen zu Gruppenkonflikten. Keinem Leser werden bei der Lektüre von Sherifs Forschungsbericht die unzähligen Parallelen zur Arbeitswelt, dem Familienleben, der Schule oder anderen Situationen entgehen, in denen es zu Gruppenkonflikten kommen kann. Viele von uns haben die Erfahrung gemacht, dass auch Menschen, die einander zunächst nicht besonders wohlgesonnen sind, durch gemeinsame Ziele vereint werden können und dass sie die Bewältigung von Schwierigkeiten einander näherbringen. Sherifs Ergebnisse sind in Alltagssituationen genauso wie in Gefängniskonflikten (die größte Gefahr für einen Häftling geht im Gefängnis von den anderen Insassen aus), Integrationsfragen oder Bandenkriegen von großer Relevanz. Gemeinsame Ziele, die

schnöden Gruppenstreitigkeiten übergeordnet werden
können, sind ein unbestreitbar wirksames Mittel, um
gegen Konflikte vorzugehen, und der bloßen Konfrontation verfeindeter Gruppen weit überlegen. Besonders
nützlich hat sich dieses Experiment für den Umgang
mit streitenden kleinen Geschwistern erwiesen, die ihren Zwist sofort vergessen, wenn sie zu einer gemeinsamen Aufgabe verdonnert werden. Beim Tischabräumen
nach dem Abendessen wird so nicht nur ein wunderba-
rer gemeinsamer Feind geschaffen („Blöde Erwachsene,
wie kann man so spießig sein, warum lassen wir das
Geschirr nicht einfach bis zum Frühstück stehen, da
brauchen wir es ja eh wieder"), sondern das verständnisvolle Augenrollen, wenn die Kinder einander das
Besteck reichen und über die Eltern oder großen Geschwister seufzen, kann weitaus schlichtender wirken
als erzwungene Entschuldigungen und umfangreiche
Vermittlungsgespräche. Auch die von vielen gefürchteten Gruppenübungen im Teambuilding zielen häufig darauf ab, Mitarbeiter einander durch gemeinsame
Aufgaben näherzubringen. Sollten Sie bei so einer Gelegenheit einmal mit zusammengebissenen Zähnen eine
Ihnen völlig hirnrissig erscheinende Aufgabe erledigen
müssen, und das ausgerechnet gemeinsam mit jenem
Kollegen, der Ihnen schon seit Wochen auf die Nerven
geht, dann wissen Sie jetzt, wem Sie das zu verdanken
haben: Muzafer Sherif.

Als ein Reißverschluss beinahe die Rettung der Welt verhindert hätte

Darüber, welche Reaktion auf den angekündigten Weltuntergang die richtige ist, kann man sicherlich streiten. Festinger und seine Kollegen fanden zu einer ungewöhnlichen Lösung: Sie schleusten sich selbst in eine Sekte ein, die die Apokalypse vorhergesagt hatte. Ihre Ergebnisse erklären unter anderem, warum es so schwer ist, mit dem Rauchen aufzuhören.

Die Faszination für die Geschichte einer Wissenschaft kann viele Gründe haben. Der Blick in längst vergangene Tage kann nicht nur erklären, warum sich die Forschung in eine bestimmte Richtung entwickelt hat, sondern auch, welche Alternativen es einmal gab, die manchmal aus politischen, häufig aus sozialen Gründen frühzeitig gekappt wurden. Für mich gibt es aber noch ein anderes Motiv, um mich für die Geschichte der Psychologie zu begeistern: Die Anfangstage dieser Wissenschaft sind von einem Abenteuergeist geprägt, der sich besonders gut in älteren Experimenten beobachten lässt und eine Profession, die heute hauptsächlich hinter einem PC mit dem Auswertungsprogramm SPSS betrieben wird, in einem romantischeren Licht erstrahlen lässt.

Leon Festinger, der 1919 als Sohn russischer Eltern in New York geboren wurde, gelang es, ein vielzitiertes Phänomen zu untersuchen und gleichzeitig ein besonders eindrucksvolles Beispiel für den in der Anfangszeit der Erforschung psychischer Prozesse typischen Wagemut zu geben. Sein Experiment ist bis heute von großer fachlicher Relevanz und spielt in den unterschiedlichsten Bereichen der Psychologie eine Rolle. Der damals einunddreißigjährige Psychologe entschied sich Anfang der 1950er-Jahre, sich zu Forschungszwecken verdeckt einer Sekte anzuschließen, die vom nahenden Untergang der Welt überzeugt war.

Festinger schloss sein Studium der Psychologie mit der Promotion an der University of Iowa ab und entwickelte sich zu einem der meistzitierten Psychologen des zwanzigsten Jahrhunderts. Untypisch für einen Wissenschaftler, sprach sich der Psychologe mehrmals dafür aus, dass experimentelle Psychologie Spaß machen sollte. Als Festinger sich von der von ihm so bleibend geprägten Sozialpsychologie intellektuell nicht mehr ausreichend stimuliert fühlte, um produktiv als Wissenschaftler tätig zu sein, wechselte er konsequenterweise seinen Forschungsschwerpunkt und wandte sich den biologischen Bedingungen der Wahrnehmung, insbesondere der Farbwahrnehmung, zu. Doch schon einige Jahre später verlegte er sein Hauptinteresse ein weiteres Mal, nämlich auf die Archäologie und Geschichte. In seinen späten Arbeiten verband Festinger seine erste Leidenschaft, die Sozialpsychologie, mit diesen Fachgebieten und stellte Überlegungen zum Sozialverhalten der frühen Menschheit an.

Zu Beginn seiner Karriere erregte er insbesondere durch die Erforschung der kognitiven Dissonanz Aufmerksamkeit. Sie beschrieb den Spannungszustand, der aus einander widersprechenden Kognitionen und Emotionen entsteht. Im Alltag tritt kognitive Dissonanz demnach zum Beispiel in Streitgesprächen auf, bei denen gute Argumente drohen, ehemals gefestigte Überzeugungen auszuhebeln. Doch gerade, wenn die Beweisführung der Gegenseite besonders stichhaltig scheint, beharren die Diskussionspartner vehement, ja fast trotzig auf ihrer Position. Aus welchen Gründen sich Menschen mit solcher Verve gegen einen Standpunktwechsel wehren, selbst oder sogar gerade wenn rationale Gründe gegen ihre These sprechen, und welche Strategien zum Abbau der verspürten kognitiven Dissonanz eingesetzt werden, wurde zum zentralen Interesse der frühen Forschungen Leon Festingers.

Den optimalen Ausgangspunkt für seine Untersuchungen fand Festinger in einem zweifellos dem Sommerloch geschuldeten Beitrag des Lake City Herald, in dem die Prophezeiung einer Hausfrau vorgestellt wurde, die davon überzeugt war, von den Einwohnern des Planeten „Clarion" über den bevorstehenden Weltuntergang informiert worden zu sein. Am 21. Dezember 1954 sollte eine Flut die Erde heimsuchen und das Leben auf ihr auslöschen, wusste Mrs. Marian Keech.

Die Aliens, die ihr diese Informationen per Gedanken-übertragung übermittelt hatten, waren aufgrund ihrer Beobachtungen bei Erkundungsflügen um die Erde in ihren UFOS zu dieser Erkenntnis gekommen. Nach kurzer Nachforschung stellte sich heraus, dass die Dame mittleren Alters bereits einige Anhänger um sich scharen konnte, die ihrer Weltuntergangsfantasie offenbar einiges abgewinnen konnten. Etwa ein Jahr zuvor hatte Mrs. Keech ihre erste Erfahrung mit den extraterrestrischen Kommunikationsversuchen der Bewohner des Planeten Clarion gemacht.

Sie war an einem Wintermorgen vor Sonnenaufgang aufgewacht und hatte ein merkwürdiges, beinahe taubes Gefühl in ihrem Arm bemerkt – etwa so, wie es viele von uns feststellen, wenn sie zu lange auf ihrem Arm gelegen haben ... Schließlich fühlte sie Wärme in ihrem Arm aufsteigen, von den Fingerspitzen bis zur Schulter, und das komische Empfinden, dass jemand ihre Aufmerksamkeit wollte. Ohne den Grund dafür zu kennen, griff sich Mrs. Keech einen Stift und ein Blatt Papier, auf dem sie plötzlich mit einer ihr zunächst fremden Handschrift zu schreiben begann. Es stellte sich heraus, dass sie mit ihrem verstorbenen Vater kommunizierte, der ihr auf diesem Weg einen Brief an ihre Mutter diktierte, in dem er ihr einige Tipps zum Pflanzen von Blumen im Frühling übermittelte. Durch diesen Zwischenfall ermutigt, nahm sich Mrs. Keech vor, ihre Fähigkeiten als Medium durch Atemübungen und regelmäßige Meditationssitzungen zu stärken. Leider musste sie bald feststellen, dass ihre Fähigkeiten von ihrer Umwelt nicht zur Kenntnis genommen oder sogar verspotteten wurden. Selbst ihre Mutter zeigte sich wenig erfreut über die guten Ratschläge ihres verstorbenen Gatten und bat die Hellseherin, sie mit solchen Unsinnigkeiten zu verschonen. Mrs. Keech ließ sich aber keineswegs entmutigen, sondern nahm die Kritik zum Anlass, besonders ausdauernd auf weitere Meldungen aus dem Jenseits zu warten. Jeden Tag hoffte sie auf Botschaften und verbrachte viele Stunden enttäuscht über die Schweigsamkeit des Universums.

Im Laufe des Frühlings baute sie ihre Fähigkeiten aus und war schon bald in der Lage, Nachrichten von Aliens und Engeln zu empfangen. Ihre außerirdischen Bekanntschaften ermunterten sie dazu, Gleichgesinnte um sich zu scharen. Der Versuch, ihren Ehemann als ersten zu überzeugen, war jedoch gescheitert, da dieser zwar, wie Festinger in seinen Erinnerungen schreibt, mit Geduld, Sanftheit und Toleranz die Tätigkeiten seiner Frau registrierte, aber nie an ihre Kontakte zu anderen Welten glaubte. Er machte zwar keine Anstalten, sie von ihrem neuen Hobby abzubringen, ignorierte es aber völlig.

In dem Arzt Dr. Thomas Armstrong und seiner Frau Daisy fand Mrs. Keech hingegen begeisterte Anhänger ihrer Mission. Armstrong lehrte an einem College und verstand sich auch als Experten für fliegende Untertassen. Im Lauf seines Engagements für Mrs. Keechs Überzeugung verschickte Armstrong mehr als fünfzig Briefe an Verleger und Journalisten in den USA, in denen er die unausweichliche Katastrophe ankündigte und mit Quellenangaben aus dem Lukas-Evangelium bekräftigte. Durch diesen Schritt in die Öffentlichkeit legte Armstrong das Fundament für die Organisation einer Bewegung, die in den folgenden Monaten für Aufsehen und Amüsement sorgen sollte. Wenig später kündigte er in einem öffentlichen Brief die Katastrophe an: Am 21. Dezember war mit einem Erdbeben zu rechnen, das den Beginn der Jahrtausendflut markieren sollte. Auf diese konkrete Bedrohung reagierte zumindest eine Zeitung, und dies war der Bericht, der Festinger und seine Kollegen die Chance verschaffte, ein sie interessierendes psychologisches Phänomen in einem aufregenderen Umfeld als dem Labor zu untersuchen.

Als eine Gruppe verdeckter Beobachter infiltrierten zuerst einige Studenten Festingers die Sekte, indem sie zunächst an Veranstaltungen von Dr. Armstrong teilnahmen. Bald gewannen die jungen Psychologen das Vertrauen der Gruppe rund um Mrs. Keech, sie durften sich an den Zusammenkünften beteiligen und wurden in alle Details der zu erwartenden Katastrophe und in die Vorbereitungen darauf eingeweiht.

Manche Gruppenmitglieder nahmen die Aussicht auf den Weltuntergang zum Anlass, ihre Jobs zu kündigen, andere fühlten sich nur dazu berufen, möglichst vielen Menschen von ihrem unausweichlichen Schicksal zu erzählen. Weihnachtsgeschenke wurden ungewöhnlich früh verteilt, damit die Empfänger sie noch genießen konnten, bevor sie von einer riesigen Flutwelle mitgerissen wurden. Eine der Sektenanhängerinnen kündigte ihre Wohnung, um mit ihren letzten Ersparnissen noch ein paar Wochen in einer eleganteren Nachbarschaft im Luxus schwelgen zu können.

Festinger, Riecken und Schachter schildern in ihrem Buch über die Beobachtungen während ihrer Zeit im Dunstkreis der Sekte auch die schwierige Position, in der sich die studierende Tochter des Ehepaars Armstrong, Cleo, befand: Ihre Eltern waren überzeugt vom Weltuntergang und es war damit zu rechnen, dass, sollten die Prophezeiungen nicht eintreffen, ihr Vater nach all den öffentlichkeitswirksamen Ankündigungen seinen Job am College verlieren würde und sie daher in ihrer Ausbildung nicht mehr finanziell unterstützen könnte. Die Autoren weisen im Buch „When Prophecy Fails" darauf hin, dass der jungen Frau kaum etwas anderes übrig blieb, als sich dem Glauben ihrer Eltern anzuschließen. Auch in den Aussagen anderer Mitglieder zeichnet sich die verzweifelte Notwendigkeit ab zu glauben: Kitty O'Donnell, eine besonders eifrige Anhängerin, bemerkte, dass sie, nachdem sie ihren Job, den Schulplatz ihres Sohns und ihre Wohnung aufgegeben hatte, eben ganz sicher sein MUSSTE, dass die Flut sie am 21. Dezember heimsuchen würde.

Es dauerte nicht lange, und die bereits gut in die Sekte integrierten, mit Festinger und seinen Kollegen in Kontakt stehenden Studenten fanden eine Gelegenheit, auch ihnen Zugang zu den Treffen rund um Mrs. Keech zu verschaffen. Schon beim ersten Zusammentreffen wurde einem der Autoren der Studie eine verantwortungsvolle Position angeboten, in der er die gesamte Sitzung leiten sollte. Nach etwa zwanzig Minuten empfing eine Anhängerin Nachrichten vom Planeten Clarion, vermischt mit Passagen aus der Bibel. Die begeisterte Mrs. Keech ermutigte ihre Lieblingsjüngerin Bertha, an ihren Qualitäten als Empfängerin zu arbeiten und den Rest der Nacht als Medium zur Verfügung zu stehen. Inzwischen konnte Dr. Armstrong sein Wissen uneingeschränkt in die Gruppentreffen miteinbringen, da das College, an dem er beschäftigt war, sich wegen der zahlreichen Versuche ihres Mitarbeiters, Studenten und auch das Personal zu missionieren, schließlich von ihm trennte. Er hatte umso mehr Zeit, sich für die Vorbereitung des Weltuntergangs zu engagieren und insbesondere sein Wissen über fliegende Objekte zu intensivieren. Es sollte ja ein UFO sein, das die eingeweihten Gläubigen vor dem Weltuntergang retten würde.

In der zweiten Dezemberwoche lud Marian Keech ihre Anhänger und Anhängerinnen ein, bei ihr einzuziehen, um dort gemeinsam auf die versprochene Rettung zu warten. Euphorisch wurden Sitznummern in den erwarteten UFOs vergeben und auch sonst scheinen die letzten Tage vor dem 21. Dezember von fiebriger Erwartung geprägt gewesen zu sein. Auch die Medien fanden zunehmend Gefallen am skurrilen Zusammentreffen im Haus der Keeches. Die Anhänger richteten sich darauf ein, jede Sekunde abgeholt werden zu können, und es kam zu mehreren Fehlalarmen, die sie voller Spannung und zur Begeisterung aller nichtgläubigen, aber schaulustigen Beobachter im Garten der Keeches mit zusammengekniffenen Augen konzentriert den Himmel nach unbekannten Objekten absuchen ließen. Eine junge Frau, die in letzter Sekunde zu einer von Mrs. Keech anerkannten und geschätzten Anhängerinnen wurde, entfernte panisch alle metallischen Teile ihrer Kleidung, denn die Bewohner Clarions hatten diesbezüglich klare Anweisungen gegeben: Kein Metall im UFO! Den Zippverschluss, der den Rock der Achtzehnjährigen schloss, riss sie mit roher Gewalt und in heller Aufregung ganz einfach brutal heraus – ein Kraftakt, der auf die hohe Anspannung in der Gruppe hindeutete.

Einen Tag und eine Nacht lang warteten die Mitglieder der Sekte und mit ihnen auch einige der verdeckten Beobachter intensiv auf die Ankunft des UFOs, das aber nicht eintraf. Da die Voraussagungen keiner nachvollziehbaren zeitlichen Logik folgten, einigten sie sich schließlich darauf, dass es sich um eine Disziplinierungsmaßnahme der Aliens gehandelt haben müsse und sie unbedingt strenges Schweigen über diese Enttäuschung bewahren sollten.

Gegen Mitternacht empfing Mrs. Keech eine weitere Nachricht, in der sie darüber informiert wurde, dass das UFO auf dem Weg zu ihnen wäre, und sie sich bereitmachen sollten. Die etwas kleiner gewordene Gruppe versammelte sich erneut im Garten, wo sie mit neuem Eifer dem Himmel entgegenblickten. Eine der Beobachterinnen aus Festingers Forschungsgruppe wurde gefragt, ob sie Metall am Körper trug. Als sie verneinte, wurde die Studentin überprüft und gebeten, ihre Schuhe auszuziehen, da sie von metallenen Nägeln zusammengehalten wurden. Als ein übereifriger Jünger von Marian Keech begann, die Sohlen ihrer Schuhe abzureißen, bat die Beobachterin um ein Paar dicke Wollsocken, in denen sie bibbernd vor Kälte in einem Mantel ohne Knöpfe die dicken Schneeflocken beobachtete. Nach wenigen Minuten wurde sie gefragt, ob nicht auch ihr Büstenhalter Metallteile beherbergte, schließlich sollten die Verschlusshäkchen auf keinen Fall den Erfolg ihrer Mission gefährden. Des Büstenhalters beraubt, stand nun die Studentin im Garten von Marian Keech und hielt ihren Mund fest geschlossen, da sie sich vor den Forderungen ihrer Mitstreiter fürchtete, sollten diese die metallenen Plomben in ihren Zähnen bemerken.

Nach über drei Stunden empfing Keech eine ungewöhnliche lange Nachricht, in der alle Beteiligten für ihr Durchhaltevermögen und ihren Eifer gelobt wurden und ihnen geraten wurde, bis auf weiteres im Haus zu warten. Todmüde fielen die durchfrorenen UFO-Fans ins Bett. Beim Frühstück einigten sie sich darauf, dass es sich um eine Disziplinierungsmaßnahme der Aliens gehandelt haben müsse und sie unbedingt strenges Schweigen über diese Enttäuschung bewahren sollten.

Als am Nachmittag einer der Autoren der Studie vorbeikam, um sich über die offenbar ausgebliebene Katastrophe zu informieren, stieß er auf betretenes Schweigen. Er setzte all sein psychologisches Können ein, um wenigstens etwas Information herauszukitzeln, und wurde widerwillig damit abgespeist, dass die Gruppe um drei Uhr früh eine fliegende Untertasse gesehen hätte. Auf die Frage, was nun aus der Sintflut geworden wäre, entgegneten die verbliebenen Gläubigen lapidar, dass es sich nur um eine Art Feuerprobe gehandelt hätte. Auch die anderen beiden Versuchsleiter wurden trotz hartnäckigen Nachfragens nicht ins Vertrauen gezogen. Natürlich fanden sich auch zahlreiche Journalisten und Fernsehteams ein, um den Tag nach der offenbar falschen Prophezeiung zu dokumentieren. Statt wie zuvor mit Ärger und Zurückhaltung zu reagieren, waren die Anhänger von Marian Keech, insbesondere Dr. Armstrong, begeistert über die neue Reichweite, die die Gruppe nun hatte, um ihre Botschaften der breiten Masse zugänglich zu machen.

Am 21. Dezember, dem angekündigten Termin des Weltuntergangs, informierte Marian Keech ihre Anhänger darüber, dass sie von den Einwohnern Clarions dazu aufgefordert wurden, um Mitternacht in ihren geparkten Autos zu warten und sich auf den Abflug vorzubereiten. Es liegt in der Natur derartiger Ankündigungen, dass sie nicht immer Sinn ergeben. Unbeeindruckt von den widersprüchlichen Prophezeiungen und Anweisungen machte sich tumultartige Hektik breit, um den Wünschen der Aliens zu entsprechen.

In haltloser Panik entledigte sich einer der Anhänger seiner Schuhe, als er ihm deren Metallspitzen bewusst wurden. Einer der anwesenden Autoren konnte dem schlemischen Impuls nicht widerstehen, alle in Aufregung zu versetzen, indem er offenbarte, dass der Zippverschluss seiner Hose aus Metall war. Vermutlich bereute er diese Ausgelassenheit, als er sich nach wenigen Sekunden in einem Schlafzimmer mit Dr. Armstrong wiederfand, der ohne zu Zögern eine Rasierklinge zückte, um das störende Metall mit zitternden Händen aus dem Beinkleid des Psychologen zu entfernen.

Die letzten zehn Minuten, bevor der sichere Weltuntergang eingeläutet wurde, verbrachten die angespannten Mitglieder der kleinen Gruppe um Mrs. Keech in deren Wohnzimmer, die Mäntel über die Beine gelegt, um jederzeit aufbrechen zu können. Drei Minuten vor Mitternacht saßen alle reglos, vom Ticken der Uhr begleitet, zusammen, nur unterbrochen von einer kurzen Erinnerung daran, dass alles nach Plan verlief. Als die Uhr zwölf schlug, starrten sie regungslos vor sich hin, ohne eine Miene zu verziehen. Fassungslos musste die Gruppe, die sich seit Monaten auf den Untergang vorbereitet hatte, feststellen, dass die Bewohner Clarions sie ein weiteres Mal im Stich gelassen hatten und die wichtigste Prophezeiung ihrer spirituellen Leiterin nicht in Erfüllung gegangen war.

Zutiefst enttäuscht, hätte sich die Gruppe zu diesem Zeitpunkt auflösen können, aber da erhielt Mrs. Keech eine neue spirituelle Nachricht von bisher unerreichter Brisanz: Die Gläubigen waren dazu angehalten worden, sich in dieser Nacht zu versammeln, um einem Wunder beizuwohnen, und zwar dem Tod und der Auferstehung des bisher völlig unbehelligten Mr. Keech. Dieser hatte sich, wie Leon Festinger vorab schon in Erfahrung gebracht hatte, Stunden zuvor in sein Schlafzimmer zurückgezogen.

Die Autoren der Studie begründen diese überraschende Wendung mit der Verzweiflung der Mitglieder über das Ausbleiben der Aliens. Ein Spektakel wie eine Wiederauferstehung würde sie mit der fälschlicherweise versprochenen Flut eventuell wieder versöhnen. Also wurde ein kleines Team dreimal zu Mr. Keech gesandt, um zu überprüfen, ob er schon gestorben war. Dreimal kehrte es unverrichteter Dinge zurück und berichtete niedergeschlagen, dass er noch lebte und normal atmete. Die einzige Erklärung dafür war, dass er im Laufe der Nacht verstorben und wiederauferstanden war und sie von dem Wunder schlichtweg nichts bemerkt hatten.

Nach diesen für alle Beteiligten unbefriedigenden Erlebnissen waren die wissenschaftlichen Beobachter sehr überrascht, als die Anhänger der sich immer weiter verkleinernden Gruppe sich konsequent weigerten, über ihre Misserfolge und Enttäuschungen zu sprechen. Die fünf in das Forschungsprojekt eingeweihten Wissenschaftler traktierten die ohnehin verdrossenen Anhänger mit unangenehmen Fragen. Würde das UFO noch kommen? Was war aus dem Mann geworden, der sie abholen wollte? Aus welchem Grund waren sie immer noch hier? Die meisten Vertreter der Gruppe vertraten weiterhin eisern ihre Meinung und verteidigten ihren Glauben. Dr. Armstrong konnte keine Erklärung für die frustrierenden Ereignisse liefern, und Mrs. Keech begann, sich mit einem Irrtum abzufinden. Dennoch war sie davon überzeugt, dass die Flut spätestens in ein paar Jahren doch noch kommen würde und alles nach wie vor dem Plan der Bewohner von Clarion entsprach. Nachdem ein paar Stunden verstrichen waren, ging eine weitere Nachricht ein. Es war eine blumige Erklärung für die entmutigende Ereignislosigkeit der letzten Nacht, in der auf die symbolische Bedeutung der UFOs verwiesen wurde. Sie hätten nicht für echte fliegende Objekte gestanden, sondern viel mehr für die innere Stärke, die die Gläubigen im Laufe des Dezembers aufgebaut hatten und sie ein großes Stück Richtung Erleuchtung geführt habe. Die Anhänger warteten so begierig auf einen Strohhalm, an den sie sich klammern konnten, um den Aufwand der vergangenen Wochen und Monate zu rechtfertigten, dass viele von ihnen begannen, sich mit dieser Begründung abzufinden. Ein langes Gespräch zwischen Dr. Armstrong und einem der Psychologen gibt in der Rückschau Einblicke in die verzweifelte Lage der enttäuschten Sektenmitglieder. Der Arzt erklärte, dass er alles für die Prophezeiung aufgegeben hätte, jede Brücke hinter ihm abgebrannt war und er der Welt, wie er sie bis dahin gekannt hatte, den Rücken zugekehrt hätte. Umso klarer schien ihm, was nun zu tun wäre – für Zweifel wäre ganz einfach kein Platz und er musste weiterhin auf die Versprechen der Bewohner Clarions vertrauen.

Im Morgengrauen verkündete Mrs. Keech schließlich die erlösende Botschaft von Sanada, Clarions Propheten: Die kleine Gruppe, die die ganze Nacht zusammen gewartet hatte, hätte dabei so viel Energie und Licht produziert, dass Gott sich dazu entschlossen habe, die Erde zu verschonen. Der Weltuntergang war nicht versehentlich entfallen, sondern dank ihres unerschütterlichen Glaubens ganz einfach abgesagt worden.

Die versammelte Gruppe nahm diese Offenbarung mit großer Erleichterung und Euphorie auf, die nur ein wenig durch die Gewissheit gedämpft wurde, dass viele von ihnen nun völlig mittellos in einer Welt ohne Flut zurechtkommen mussten.

Fassen wir die aufreibenden Geschehnisse zusammen: Nach den unheilvollen Prophezeiungen einer amerikanischen Hausfrau entschied sich eine kleine Gruppe von Menschen im Jahr 1954, ihr altes Leben aufzugeben und sich mit großem Engagement auf den Untergang der Erde vorzubereiten. Als ihr monatelanges Warten auf eine Flut, vor der sie von Aliens in extraterrestrischen Flugobjekten gerettet werden sollten, enttäuscht wurde, reagierten sie auf kuriose Weise: statt entrüstet das Haus der Schwindlerin, der sie sich angeschlossen hatten, zu verlassen, hielten sie ihr die Treue und ließen sich mit einer fadenscheinigen Erklärung für die von ihnen herbeigesehnte, aber ausgebliebene Katastrophe abspeisen.

>> Alltäglicher Nutzen des Festinger-Experiments

Die Psychologen, die sich verdeckt den Anhängern des selbsterklärten Mediums Marian Keech, wie die Dame im Forschungsbericht genannt wurde, um ihre Identität zu wahren (eigentlich hieß sie Dorothy Martin), anschlossen, suchten Antworten auf Fragen, die Psychologen noch heute beschäftigt: Wie reagieren Menschen darauf, wenn ihre Erwartungen sich grundlegend von den tatsächlich gemachten Erfahrungen unterscheiden? Wie gelingt es, den unangenehmen Zustand zu ertragen, der entsteht, wenn sich Überzeugungen und tatsächliche Beobachtungen widersprechen? Welche Strategien gibt es, um mit einem so peinlichen Irrtum wie dem ausgebliebenen Weltuntergang zu leben, ohne sich für immer wie ein Idiot zu fühlen?

Statt zuzugeben, dass ihre spirituelle Leiterin sich geirrt hatte, waren die Betroffenen verzweifelt auf der Suche nach einer Möglichkeit, ihre sich widersprechenden Erfahrungen und Erwartungen miteinander zu vereinen. Ganz egal, wie absurd die Erklärung von Mrs. Keech für die ausgebliebene Katastrophe war, sie wurde dankbar angenommen, weil sie die Chance bot, mit halbwegs intaktem Selbstwertgefühl die „kognitive Dissonanz" zu überwinden. Mit „kognitiver Dissonanz" beschreibt Festinger das störende, manchmal sogar quälende Gefühl, das entsteht, wenn sich Gefühle und Gedanken widersprechen. Die innere Spannung, die aus solch einem Konflikt entsteht, muss so schnell wie möglich abgebaut werden, indem entweder die schwächere Kognition, also der weniger wichtige Gedanke, geändert wird, oder sie durch vermittelnde Gedanken ergänzt wird.

Um dem Alltag näherzukommen als mit den Beobachtungen Festingers und seiner Kollegen, bietet sich die weitverbreitete Angewohnheit des Rauchens an: Obwohl ständig auf die Gefahren dieser Sucht mit immer erschreckenderen Aufschriften und Abbildungen auf den Zigarettenpackungen hingewiesen wird, können Millionen von Menschen sich nicht dazu durchringen, auf die ungeliebte Sucht zu verzichten. Natürlich wissen Raucher, dass sie ihre Gesundheit mit jedem Zug gefährden, trotzdem fällt es ihnen sehr schwer, von dieser Gewohnheit abzulassen. Statt das Verhalten zu verändern, werden die miteinander in Konflikt stehenden Gedanken „Rauchen gefährdet meine Gesundheit" und „Ich rauche zu gerne, um aufzuhören" relativiert: Von „Sterben müssen alle einmal" über „Mein Urgroßvater hat auch geraucht und ist mit neunzig noch auf Bäume geklettert" bis „Vielleicht handelt es sich um einen großen Irrtum und in ein paar Jahren stellt sich heraus, dass die Tabakpflanze allerhand gesundheitliche Vorteile zu bieten hat" oder „Ich hör' auf, wenn ich dreißig bin", haben sich die meisten Raucher schon mit unzähligen Ausreden beruhigt, um weiter ihrer gefährlichen Sucht frönen zu können. Die Beobachtungen von Festinger und seinen Kollegen erklären also ein sehr alltägliches Phänomen anhand einer sehr ungewöhnlichen Situation. Sie inspirierten Hunderte von Psychologen zu weiteren, methodisch ausgefeilteren Studien, von denen die meisten Festingers Konzept von der kognitiven Dissonanz bestätigen.

Mit vierzehn Messerstichen

Die grauenvolle Ermordung einer jungen Frau vor den Augen zahlreicher Beobachter wirft die Frage auf: Sind wir in der Gesellschaft anderer Menschen wirklich sicherer als allein? Warum Unfälle oder Verbrechen häufig trotz der Anwesenheit einiger Augenzeugen nicht gemeldet werden, versuchten Latané und Darley experimentell zu erforschen.

Im März 2016 löste der Tod von Winston Moseley eine Welle an Berichten über sein schon beinahe vergessenes Verbrechen aus. Moseley, der zweiundfünfzig Jahre seines Lebens im Gefängnis verbrachte hatte, war der Mörder von Kitty Genovese, die er mit mindestens vierzehn Messerstichen vor den Augen von einer beachtlichen Gruppe von Zeugen in einer Frühlingsnacht im März 1964 im Stadtteil Queens, New York, umgebracht hatte. Der Vorfall, der sich in einer dicht besiedelten Wohngegend ereignete, führte zu einem Aufschrei in den Medien und dadurch auch zu großem Entsetzen in der Bevölkerung. Achtunddreißig Nachbarn wären zugegen gewesen, als die neunundzwanzigjährige Frau brutal niedergestochen und vergewaltigt wurde, hieß es in den Zeitungsberichten. Was bis dahin nur vermutet und sich in ländlichen Gegenden am Stammtisch leise zugeraunt wurde, war mit dem grausamen Mord zur traurigen Gewissheit geworden: Großstädte sind ein Hort der Gefühllosigkeit und Ignoranz. Kaum zählt eine Stadt mehr als ein paar Hundert Einwohner, kann man sich nicht einmal mehr darauf verlassen, dass sich einer dieser Einwohner bemüßigt fühlt, ein Verbrechen an einer unschuldigen und wehrlosen jungen Frau der Polizei zu melden.

Die melodramatischen Berichte waren ebenso alarmierend wie falsch, was sich allerdings erst im Laufe der in den folgenden Jahren stattfindenden Recherchen herausstellen sollte. Es war schon allein aufgrund der Architektur des Tatorts unmöglich, dass alle Nachbarn den ganzen Verlauf des Verbrechens beobachtet haben konnten. Und es waren bei der Polizei zumindest zwei Anrufe mit Hinweisen auf den Mord eingegangen. Eine ältere Dame hielt die im Sterben liegende Ms. Genovese im Arm, bis die Polizei und der Krankenwagen eintrafen. Es war wohl kaum damit zu rechnen, dass alle Nachbarn aus dem Fenster gesehen hatten, als es zu dem Übergriff kam. Die Schreie der jungen Frau waren von vielen Bewohnern der Anlage als Streiterei zwischen Liebenden oder Betrunkenen interpretiert worden, woraufhin sie sich wieder etwas anderem zuwandten. Trotz, vermutlich sogar wegen der ungenauen Berichterstattung wurde der Mord an Kitty Genovese zum Auslöser für mehrere Reformen im Polizeiwesen New Yorks und zur Inspiration für einige Filme und Bücher. Außerdem lieferte die ursprüngliche Darstellung „Junge Frau wird von brutalem Killer mit mehreren Messerstichen niedergestreckt, achtunddreißig Nachbarn sehen tatenlos zu" die Inspiration zur Erforschung eines wichtigen und bekannten sozialpsychologischen Phänomens, des sogenannten Bystander-Effektes.

Voll Betroffenheit und Entsetzen hatten die beiden Psychologen Bibb Latané und John Darley von dem Verbrechen an der jungen Kitty Genovese gehört. Wie war es möglich, dass mehrere Nachbarn Zeugen eines Verbrechens wurden und sich nicht dazu entscheiden konnten, zu helfen und einzuschreiten oder wenigstens die Polizei zu rufen? Den Berichten zufolge waren die Augenzeugen an ihren Fenstern gestanden und hatten den Mord mit unverhohlenem Interesse und dem Schaudern, das man vielleicht bei einem realitätsnahen Horrorfilm empfindet, gebannt beobachtet, ohne zu dem Entschluss zu gelangen, Winston Moseley von seinem Verbrechen abzuhalten.

Das für die meisten Leser unbegreifliche Verhalten war den Psychologen Latané und Darley nicht gänzlich unbekannt. Es erinnerte sie an das merkwürdige Gebaren von Massen in Krisensituationen und Notfällen: Auch bei Autounfällen, Feuerausbrüchen oder Selbstmordversuchen ist das Fehlen von adäquaten Reaktionen immer wieder zu beobachten. Menschen versammeln sich in Gruppen um Unfallopfer, Ertrinkende oder andere in Notsituationen steckende Personen und betrachten sie mit einer Mischung aus Hilflosigkeit und Faszination. Neben dem Bedürfnis, dem Opfer zu Hilfe zu eilen, entsteht Angst vor den Konsequenzen, die mit dieser Hilfestellung verbunden sein könnten, und die offenbar über das empfundene Mitgefühl siegt. Es fehlt an Handlungsskripten, die es ermöglichen, auf Notfälle angemessen zu reagieren. Wir haben ja nur selten die Gelegenheit, uns auf bedrohliche Situationen vorzubereiten und den Umgang mit ihnen zu üben. In solch einer Situation gibt es weder die Möglichkeit zu planen, noch die Option auf Wiederholung bei Misslingen. Deshalb sind wir wie gelähmt, sobald es tatsächlich zu einem mit dem Mord an Kitty Genovese vergleichbaren Vorfall kommt. Eine Reihe von Entscheidungen gibt den Ausschlag darüber, ob Hilfe geleistet werden kann oder nicht. Sie wurden von Latané und Darley folgendermaßen dargestellt: Zum einen muss der Augenzeuge erfassen, dass etwas passiert. Sehr viele Situationen, mit denen wir konfrontiert sind, sind nicht eindeutig interpretierbar. Nicht immer können wir sofort einschätzen, ob es sich um etwas Bedrohliches handelt oder ob wir nur einen schlechten Scherz beobachten. In weiterer Folge muss der Augenzeuge zu einer klaren Interpretation finden und erkennen, dass gerade wirklich etwas schiefläuft. Außerdem ist das Gefühl persönlicher Verantwortung nötig, das gar nicht so selbstverständlich ist: Immerhin könnte jemand in der Menge Arzt sein oder bereits die Polizei, die Rettung oder die Feuerwehr gerufen haben. Schließlich muss sich der Beobachter einer Notsituation zur Hilfeleistung entscheiden und überlegen, welche Art der Hilfe angemessen ist. Ob und wie Hilfe geleistet wird, ist also keine Frage der Intuition, sondern ein komplizierter kognitiver Prozess, der von vielen Faktoren, wie der sich selbst zugesprochenen Kompetenz, mit der Situation umzugehen, oder der Gefahrenlage beeinflusst werden kann. Sicherlich spielt auch die soziale Orientierung eine wichtige Rolle, also die Beobachtung anderer und der Versuch, dabei die richtige Verhaltensweise herauszufinden. Wenn sich alle Beteiligten verhalten, als würde keine bedrohliche Situation vorliegen, ist es doch wahrscheinlich, dass man als besorgter, unbescholtener Bürger etwas falsch verstanden hat und sich völlig grundlos eingemischt – und damit eventuell auch blamiert – hätte. Wenn sich alle Anwesenden wie unbeteiligte, aber interessierte Zuseher um das Unglück versammeln und niemand sich aus dem Bannkreis traut, um zu handeln, ist es wahrscheinlich besser, ebenfalls im Hintergrund zu bleiben, bis es eine klare Handlungsweisung von jemandem gibt, der weiß, was zu tun ist. Um diese Prozesse zu erforschen, die das Potenzial haben, zu menschlichen Tragödien zu führen, haben die Psychologen Latané und Darley in vier Experimenten Notsituationen dargestellt und die Reaktionen ihrer Testpersonen akribisch festgehalten.

Experiment 1

Im ersten Experiment von Latané und Darley wurden achtundfünfzig männliche Studenten der Columbia University zu einem Interview gebeten. Es sollte sich mit Problemen befassen, die mit dem Leben an einer urbanen Universität verbunden sind, wie es in der Einladung vage formuliert war. Während die jungen Männer auf ihre Gesprächstermine warteten, wurden sie in einem kleinen Raum darum gebeten, einen kurzen Fragebogen auszufüllen. Manche taten das in kleinen Gruppen von maximal drei Personen, andere füllten die Bögen allein aus, und einige der Versuchsteilnehmer verbrachten die Zeit vor der Befragung im Beisein von zwei Versuchsleitern. Kurze Zeit, nachdem die Probanden in den unterschiedlichen Settings begonnen hatten, sich mit den Fragebögen zu beschäftigen, wurde heller Rauch in den kleinen Raum geleitet, der in unregelmäßigen Abständen aus einer Wandöffnung strömte. Wie häufig in sozialpsychologischen Experimenten, handelte es sich um eine fingierte Befragung, die absolut nichts mit dem eigentlichen Forschungsinteresse zu tun hatte: Wie würden sich die jungen Männer verhalten und unter welchen Umständen würden sie auf den Rauch reagieren? Waren die Probanden allein im Raum, entschieden sie sich nach kurzer sichtbarer Unentschlossenheit dazu, dem Grund für die Rauchstöße nachzugehen, den Raum zu verlassen und sie den Versuchsleitern zu melden. Befanden sie sich in der Gesellschaft von zwei eingeweihten Psychologen, die sich dem Rauch gegenüber völlig unbeeindruckt und gleichgültig zeigten, veränderte sich das Verhalten der Probanden signifikant. Nur einer von zehn Studenten entschied sich dazu, den das Zimmer nach und nach füllenden Rauch zu melden. Alle anderen blieben stoisch über ihren Fragebögen sitzen und wedelten ab und zu mit der Hand, um besser lesen zu können. Auch in den Dreiergrüppchen, die sich aus nicht über die Versuchsanordnung aufgeklärten Studenten zusammensetzten, berichtete kaum jemand über die merkwürdigen Rauchstöße, die ja immerhin auf ein Feuer hätten hinweisen können. Als die jungen Männer nach dieser Episode auf ihre Reaktionen angesprochen wurden, kamen die skurrilsten Erklärungsversuche zur Sprache: Sie hatten ein Feuer ausgeschlossen und dachten unter anderem an von den Wissenschaftlern eingesetztes „Wahrheits-Gas", das sie dazu zwingen sollte, wahrheitsgetreu zu antworten. Trotz der offensichtlichen Einflussnahme der anderen Personen im Raum, die ebenfalls nicht handelten, gaben die meisten der Studenten an, sich nicht um die Reaktionen ihrer Kommilitonen gekümmert zu haben.

Experiment 2

Im zweiten von Latané und Darley durchgeführten Experiment wurden erneut Studenten der Columbia University hinters Licht geführt. Sie warteten gemeinsam mit einem Freund oder einem Fremden in einem Raum auf eine vorgebliche Befragung, während sie mit anhören mussten, wie eine junge, attraktive Frau, die sie zuvor in den Raum begleitet hatte, im Nebenzimmer von einem Sessel fiel und sich dabei – so klang es zumindest – verletzte. Natürlich kam es zu keinen echten Schrammen, sondern die Schmerzensschreie der Dame wurden von einem zuvor aufgenommenen Band abgespielt. Siebzig Prozent jener Studenten, die allein gewartet hatten, eilten sofort zu Hilfe, während sich nur sieben Prozent derer, die sich im Beisein einer fremden Person befanden, zur Hilfeleistung durchringen konnten. Interessanterweise änderte sich dieses Bild drastisch, sobald Freunde gemeinsam im Wartezimmer Zeit totschlugen. In diesem Fall entschloss sich meistens zumindest einer der Männer, der Frau in Not beizustehen. Auf die unterlassene Hilfe angesprochen, gaben viele der Studenten an, den Unfall als nicht besonders schwer eingestuft oder angenommen zu haben, dass jemand anderer zu Hilfe eilen würde. Dennoch waren sie davon überzeugt, dass sie in einem „echten" Notfall unter den ersten Helfern gewesen wären. Auch in dieser Anordnung gaben die Probanden an, nicht von der Reaktion anderer Anwesender beeinflusst worden zu sein. Dass die Studenten eher im Beisein eines Freundes auf die fingierte Notsituation reagiert hatten, interpretierten die Versuchsleiter als Ausdruck des Vertrauens. Die Gefahr, sich zu blamieren, scheint vor Freunden nicht als so groß empfunden zu werden wie vor Fremden.

Experiment 3

Das dritte Experiment, in dem die Umstände untersucht werden sollten, unter denen Hilfe geleistet oder verweigert wird, fand fernab der Testräume statt. Zwei besonders abenteuerlustige Columbia-Absolventen erklärten sich dazu bereit, innerhalb eines Zeitraums von nur zwei Wochen eine Kiste Bier insgesamt neunundsechzig Mal zu stehlen. Diese fingierten Überfälle fanden in New York in Absprache mit den Angestellten eines Spirituosengeschäfts statt. Der Inhaber des Geschäftes verließ den Raum kurz vor jedem Pseudoüberfall, sodass sich die Diebe allein mit den Testpersonen in einem Raum des Geschäfts befanden. In der Hälfte der Fälle fanden die Überfälle statt, wenn nur ein einziger Kunde als Testperson anwesend war, in der anderen Hälfte der Fälle wurde darauf geachtet, mindestens zwei Personen zu Augenzeugen werden zu lassen. Auch in diesem Experiment zeigte sich schnell, dass Personen allein sehr viel eher zur Tat schreiten als in Gesellschaft anderer.

Bibb Latané und John Darley vermuteten, dass die empfundene Verantwortung der Grund für diese unterschiedlichen Reaktionen ist. Ein Augenzeuge, der allein ein Verbrechen oder ein Unglück beobachtet, trägt die gesamte Handlungsverantwortung auf seinen Schultern. Reagiert er zu langsam oder falsch, lastet die Schuld nur auf ihm und es gibt niemanden, mit dem er sie teilen könnte. Sobald andere Personen involviert sind, lässt sich nicht nur die Schuld, sondern auch die Verantwortung zu handeln aufteilen.

Experiment 4

Nachdem die Psychologen in drei unterschiedlichen Situationen sehr ähnliche Verhaltensmuster beobachtet hatten, entschlossen sie sich dazu, ihren Versuchspersonen noch einmal eine Chance zu geben, diesmal aber in einer Situation, die unmissverständlich einen Notfall simulieren sollte. Einhundert Psychologiestudentinnen, diesmal von der renommierten New York University, konnten als Testpersonen gewonnen werden, um an einem nicht weiter spezifizierten Experiment teilzunehmen. Diesmal wurden ausschließlich Frauen als Versuchsteilnehmer zugelassen. Sie wurden einzeln in voneinander getrennte Räume gebeten, in denen sie, verbunden durch eine Gegensprechanlage, miteinander persönliche Probleme diskutieren sollten. Die räumliche Trennung, so erklärten die Versuchsleiter es den Teilnehmerinnen, sollte dazu dienen, dass sie sich auch bei sensiblen Themen nicht schämen würden und offen über sie sprechen könnten. Eine der Versuchspersonen war eingeweiht und sprach, zunächst mit ruhiger, aber dennoch angespannter Stimme von einigen persönlichen Problemen. Schließlich sollte sie im Verlauf der Diskussion lauter und lauter werden, zu stammeln beginnen und um Hilfe flehen, bis schließlich deutlich wurde, dass sie einen epileptischen Anfall erleidet. In manchen Fällen wurde der Versuch so aufgebaut, dass die teilnehmende Psychologiestudentin dachte, sie wäre die einzige Gesprächspartnerin der Verzweiflung heuchelnden Person. In anderen Fällen wurden unterschiedlich große Gruppen (bestehend aus drei oder sechs Probanden) gebildet, wobei zum Teil darauf geachtet wurde, befreundete Probandinnen in eine Gruppe zu stecken. Da die Versuchsleiter vermuteten, dass es einen Unterschied machen könnte, ob die Teilnehmerinnen die angeblich verzweifelnde Diskussionspartnerin kannten, wurde vor dem Experiment für Kontakt zwischen der später scheinbar in einer Notsituation befindlichen Person und den anderen jungen Frauen in den entsprechenden Gruppen gesorgt.

Alle Versuchsteilnehmerinnen, die sich dazu entschlossen, Hilfe zu leisten, entschieden das innerhalb der ersten drei Minuten nach Beginn der vorgetäuschten Panikattacke. Wähnten sie sich in Sechser-Gruppen, reagierten nur zweiundsechzig Prozent der Teilnehmerinnen auf die Hilfeschreie. Auch in den anderen Gruppenkonstellationen bestätigten sich die zuvor erhobenen Ergebnisse, wobei Latané und Darley in ihrem Bericht betonen, dass jene Testpersonen, die nicht auf die Not ihrer Kommilitonin reagiert hatten, deutliche Stressreaktionen wie schwitzende oder zitternde Hände zeigten. Die Psychologen interpretieren das Verhalten der „Bystander", jener Teilnehmerinnen, die sich nicht zu einer Handlung durchringen konnten, keineswegs als böswillig oder indifferent, sondern viel eher als Ausdruck ihrer Unentschlossenheit. Für Opfer in Notsituationen ist das zwar ein schwacher Trost, wissenschaftlich gesehen ist diese Erkenntnis allerdings sehr wichtig, um zu verstehen, unter welchen Umständen geholfen wird.

In allen vier Experimenten zeigte sich, dass Menschen eher dazu geneigt sind zu helfen, wenn sie allein einen Notfall beobachten. Sobald sie sich in Gesellschaft befinden, teilen sie die Verantwortung und reagieren, insbesondere, wenn die anderen Augenzeugen unbekannt sind, langsamer oder gar nicht. Paradoxerweise bedeutet das, dass einem in Gefahr eher geholfen wird, wenn es nur wenige Beobachter gibt.

>> Alltäglicher Nutzen des Latané und Darley-Experiments

Zwar wirkt der Bystander-Effekt für all jene entlastend, die sich bisher vor menschenleeren, dunklen Gassen oder Wäldern gefürchtet haben, für Menschen, die sich im Beisein anderer bisher sicher gefühlt haben, birgt er jedoch ein gewisses Schreckenspotenzial. Wie also handeln, wenn Sie sich trotzdem gegen ein Leben als Einsiedler entschließen? Eine Möglichkeit, um – zumindest nach den Erkenntnissen der geschilderten Versuche von Latané und Darley – mehr Sicherheit zu gewinnen, wäre, den Aufenthalt in ländlichen Gegenden zu bevorzugen, denn es lässt sich experimentell gut nachvollziehen, dass der Bystander-Effekt eher in städtischen als in ländlichen Umgebungen auftritt. Die Gründe dafür liegen auf der Hand: Es gibt weniger Menschen, die zusehen können, und auch weniger Menschen, mit denen Bystander das in Notsituationen meist aufkommende Verantwortungsgefühl teilen können. Außerdem bleibt in Gegenden, in denen man sich untereinander kennt, die Hoffnung darauf, dass eine Hand die andere wäscht: Helfe ich dir, hilfst du mir, wenn ich einmal in einer schwierigen Situation stecke. In der Stadt ist die Wahrscheinlichkeit, jemandem, dem wir zur Hilfe eilen, noch einmal zu begegnen, eher gering.

Was tun, wenn Sie sich weder zu einem Einsiedlerleben, noch zum Leben auf dem Land entscheiden wollen? Eine einfache, aber wirkungsvolle Strategie, um den Bystander-Effekt zu unterbrechen, ist, abwartende Zuschauer direkt anzusprechen und um Hilfe zu bitten. Damit erleichtern Sie ihnen den kognitiven Prozess, in dem sie sich gerade verheddern, und kürzen die Entscheidungsfindung für Bystander erheblich ab. Wäre Kitty Genovese, die junge Dame, die in den 1960er-Jahren vor den Augen mehrerer Nachbarn niedergestochen und vergewaltigt wurde, mit einem der Beobachter, zum Beispiel durch Rufen, in Kontakt getreten, wäre ihr möglicherweise rechtzeitig geholfen worden.

der ihnen vorliegenden Literatur vermuteten sie, dass die Art der Befragung zu großen Unterschieden in den erinnerten Ausschnitten eines Unfalls führen könnte.

Um ihre These zu überprüfen, rekrutierten Elizabeth Loftus und John Palmer fünfundvierzig Studenten und Studentinnen, die sie mehreren Gruppen zuteilten. Alle Teilnehmer sahen sieben Filmsequenzen aus dem Fundus des Seattle Police Departments. Alle Videos zeigten Autounfälle und waren zwischen fünf und dreißig Sekunden lang. Nach jedem Unfallausschnitt wurde den Probanden ein Fragebogen vorgelegt, in dem ihnen mehrere Fragen zum Unfallgeschehen gestellt wurden. Unter mehrere Fragen wurde das für die Untersuchung entscheidende Thema eingeführt: „Wie schnell waren die Autos, als sie aufeinanderprallten? („About how fast were the cars going when they hit each other?") Das Verb „to hit", das mit „aufeinanderprallen" übersetzt werden kann, wurde abhängig von der befragten Gruppe durch andere Vokabeln ausgetauscht. In einer Gruppe wurde danach gefragt, wie schnell die Autos waren, als sie sich „berührten", in einer anderen wurde das Wort „smashed", also „krachen", eingesetzt. In manchen Fragebögen fanden sich die Begriffe „collided" und „bumped". Das Experiment dauerte ungefähr eineinhalb Stunden.

Da alle Studenten dieselben Filmausschnitte gesehen hatten, wäre zu erwarten gewesen, dass alle Versuchsteilnehmer mehr oder weniger ähnliche Einschätzungen der Geschwindigkeit der beiden Wagen angeben würden. Schwankungen würden nur aufgrund der unterschiedlich gut ausgeprägten Fähigkeit, Geschwindigkeiten zu schätzen, oder auch wegen der mit dem Verkehr verbundenen Erfahrungen entstehen. In den Ergebnissen von Loftus' und Palmers Studie zeigen sich aber keine Fähigkeitsprofile, sondern deutliche Effekte, die darauf hinweisen, dass das Signalwort, das eingesetzt wurde, also „krachen" oder „berühren" oder „kollidieren", großen Einfluss auf die Schätzungen der Studenten hatte. Mit nur einem einzigen Wort lassen sich also gravierende Unterschiede in Zeugenaussagen bewirken. Dabei ist zu bedenken, dass der Versuch in einem völlig geschützten, weder durch Schuldzuschreibungen noch Emotionen gestörten Rahmen durchgeführt wurde. Wie sehr beeinflusst wohl die Formulierung einer Frage einen Menschen im Gerichtssaal, wenn die Aussagenden nervös sind und unter großem Druck stehen? Und wie wirkt sich die einmal durch ein Signalwort ausgelöste Version der Geschehnisse auf die Erinnerungen an weitere Details dieser Begebenheit aus?

Loftus und Palmer schlossen an das beschriebene Pilotprojekt ein weiteres Experiment an, in dem hundertfünfzig Studienteilnehmer befragt wurden. Die Versuchsanordnung war der ersten Studie sehr ähnlich: Den Studenten wurde der Filmausschnitt eines Unfalls gezeigt, der knapp sechzig Sekunden lang war. Nachdem sie diese Ausschnitte gesehen hatten, wurden sie zum Geschehen befragt. Diesmal wurden drei Gruppen gebildet. Fünfzig Studenten wurden danach gefragt, wie schnell die Autos waren, als sie ineinander krachten, fünfzig Studenten wurden danach gefragt, wie schnell die Autos waren, als sie aufeinanderprallten und fünfzig Studenten mussten keine Aussage zur geschätzten Geschwindigkeit der beobachteten Fahrzeuge machen. Eine Woche später wurden die Versuchsteilnehmer ein weiteres Mal um ihre Einschätzung des Unfalls gebeten: Sie sollten nun angeben, ob sie Glassplitter als Folge des Unfalls gesehen hatten. Wieder wurde diese entscheidende Frage unter mehreren anderen Fragen versteckt. Obwohl es durch den Unfall zu keinem splitternden Glas gekommen war, schätzten jene Studenten, die bei der ersten Befragung das Signalwort „smashed" gelesen hatten, den Aufprall als sehr viel heftiger ein als die beiden Kontrollgruppen und meinten, sich – entsprechend ihrer einmal gefundenen Version der Geschehnisse – an Glassplitter erinnern zu können. Sobald den Studenten ein durch die bewusste Wortwahl ausgelöstes Bild des Unfalls suggeriert worden war, blieben sie bei dieser Version und schmückten sie mit Details aus, die zu den gewählten Begriffen passten. Das Hinweiswort „smashed" weckt den Eindruck, dass es eigentlich zu Glassplittern gekommen sein muss, während das schwache, behutsame „Berühren" solch gravierende Folgen beinahe ausschließt.

» Alltäglicher Nutzen des Loftus-Experiments

Das beschriebene Experiment von Elizabeth Loftus und John Palmer ist nicht nur deshalb so spannend, weil es die Aussagekraft von Augenzeugenberichten in Frage stellt, sondern es ist insbesondere von großer Bedeutung, weil es das Konzept von „Gedächtnis", das heute in der Psychologie vorherrscht, entscheidend mitgeprägt hat. Lange Zeit wurde das Gedächtnis durch eine Computeranalogie erklärt, in der das Gehirn mit einer Festplatte mit verschiedenen Speicherebenen verglichen wurde. Inzwischen weicht diese Idee einem dynamischeren Begriff von Gedächtnis, der zumindest zu einem kleinen Teil den Forschungsbemühungen von Loftus und Palmer zu verdanken ist. Heute geht man davon aus, dass das Gedächtnis alles andere als starr und mechanisch funktioniert, sondern der ständigen Veränderung durch unterschiedliche Informationsstände, Filter, Emotionen und Erfahrungen unterworfen ist. Abhängig von der Perspektive, aus der wir uns erinnern, nehmen wir andere Details einer Erinnerung wahr, wobei sich auch die damit verbundenen Wertungen sehr verändern können. Ein Blick in die Vergangenheit wird durch gerade gemachte Erfahrungen oder im Laufe des Lebens gesammelte Handlungsmuster immer wieder neu gefärbt und geglättet oder die erinnerten Geschehnisse werden im Nachhinein als dramatischer empfunden.

Belebte Geometrie

Haben geometrische Figuren Gefühle? Wenn es nach den Versuchspersonen dieser Untersuchung geht, führen sie sogar ausgesprochen leidenschaftliche Beziehungen. Heiders Experiment verrät viel über die Interpretation unserer Taten, die uns in alltäglichen Situationen immer wieder zu denken gibt.

Mit großen Augen und noch größerem Ernst beobachteten in den frühen 1940er-Jahren 114 Studentinnen drei über eine Leinwand flitzende geometrische Figuren. Sie verfolgten ein großes Dreieck, ein kleines Dreieck und einen Kreis bei einem merkwürdig anmutenden Schauspiel rund um ein Rechteck. Die Aufmerksamkeit war groß, immerhin sollten die jungen Frauen nach dieser Darbietung ihrem Professor einige Fragen beantworten. Die Studentinnen sollten beschreiben, welche Eigenschaften ganz typisch für das große Dreieck wären, wie es um den Charakter des kleinen Dreiecks stand, und natürlich sollten sie auch den Kreis, der durch das Bild tanzte, beschreiben.

Was im ersten Moment klingt, als hätten sich die Versuchsleiter dieses Experiments, Fritz Heider und Marianne Simmel, einen Scherz erlaubt, sollte der

Ausgangspunkt für eine der zentralen und herausragenden Theorien der Sozialpsychologie werden. Der in Wien geborene Heider, der sich neben seiner Tätigkeit am Berliner psychologischen Institut mit Gelegenheitsjobs über Wasser hielt und sich zum Beispiel als Elektriker durchschlug, hatte bei den berühmtesten Vertretern der Grazer Gestaltpsychologie, Alexius Meinong und Christian von Ehrenfels, studiert. Nach seinem Studium unternahm er zahlreiche Reisen und arbeitete in Berlin und Hamburg, bevor er, wie so viele bedeutende Wissenschaftler, in den 1930er-Jahren in die USA emigrierte. Ganz dem dort herrschenden Zeitgeist entgegengesetzt – es waren die Jahrzehnte, in denen in den USA gerade der Behaviorismus den Ton der psychologischen Forschung angab –, interessierte sich Heider für ein Forschungsgebiet, das nur schwer durch bloße Beobachtung zu erfassen war. Er wollte zwischenmenschliche Beziehungen erforschen, wofür er nicht zögerte, sich an Philosophie und Literatur zu orientieren oder seine Studenten und Studentinnen in kleine Experimente einzubinden, denn es gab zu seiner Zeit kaum Vorarbeiten, die er zu Rate ziehen konnte. Der in Graz aufgewachsene Sohn eines Architekten und einer Schauspielerin war zu Hause unterrichtet worden, da er, wie er in seiner Autobiografie schreibt, als besonders nervös, verletzlich und sensibel galt. Schon in seiner frühen Jugend experimentierte er neugierig und ohne Rücksicht auf Verluste, wie ein Zwischenfall mit einer Zündkapsel vermuten lässt, bei dem sein linkes Auge von einigen Bleisplittern verletzt wurde. In der Rückschau schreibt

144

Heider, dass er in der Zeit seiner Genesung das unklare Gefühl gehabt hätte, dass dieses Erlebnis sich auf seinen weiteren Lebensweg auswirken würde. Damit sollte er Recht behalten, schützte ihn der Verlust seiner Sehkraft auf dem linken Auge doch davor, im Ersten Weltkrieg einrücken zu müssen. Es dauerte nicht lange, und Heider fand den Schwerpunkt seines experimentellen Interesses in der Psychologie. Um seine Neugier zu stillen, war ihm schon als Schüler keine Unbequemlichkeit zu groß, weshalb er zum Beispiel zwölf Stunden in einer Höhle in der Nähe von Feistritz verbrachte, um die Auswirkungen des Reizentzugs auf seine Psyche zu beobachten. In seiner Autobiografie schildert er die Freude und das Glück über den Anblick des Tals, nachdem er aus der Dunkelheit der Höhle herausgetreten war.

Am Anfang der von Heider und Simmel verfassten Arbeit „An Experimental Study of Apparent Behavior" beklagen die Autoren, dass es kaum psychologische Literatur gibt, die sich mit der Wahrnehmung anderer Personen befasst, obwohl gerade diese Momente so entscheidend für jedes Aufeinandertreffen von Menschen sind. Natürlich existierten bereits Arbeiten, die Gestik und Mimik als Kommunikationsmittel thematisierten. Diese Untersuchungen schienen Heider und Simmel aber unzureichend, da sie vermuteten, dass der Gesichtsausdruck nur eine kleine Rolle bei der Einschätzung des Gegenübers spielt. Aus diesem Grund entschied sich das Team, auf die Interpretation von Gesichtsausdrücken zu verzichten, ja sie sogar unmöglich zu machen, indem es seinen Testpersonen gesichtslose Körper präsentierte, sodass sich die Teilnehmer auf die beobachteten Situationen und Aktivitäten konzentrieren mussten. Außerdem wies das von Heider und Simmel geplante Experiment noch eine Besonderheit auf: Den beiden ging es keineswegs darum, die Richtigkeit der Antworten ihrer Versuchspersonen zu überprüfen, sondern sie interessierten sich ganz einfach für deren Zuschreibungen und die dahinterliegenden Gründe.

Der Film, den die Studienteilnehmerinnen sahen, war nur etwa zweieinhalb Minuten lang. Die drei geometrische Figuren (zwei Dreiecke unterschiedlicher Größe und ein Kreis) bewegten sich darin bei unterschiedlichen Geschwindigkeiten in alle möglichen Richtungen. Das Feld, in dem die geometrischen Figuren zu sehen waren, war leer, bis auf ein großes Rechteck, in das eine Ausnehmung eingelassen war, die sich wie eine Türe öffnen und schließen ließ. Um die Aktivitäten der mithilfe von frühen Trickfilmtechniken animierten Figuren verständlich zu schildern, beschreiben Heider und Simmel das gezeigte Geschehen, als würden sie Menschen beobachten:

Das große Dreieck bewegt sich auf das Haus (also das Rechteck) zu, öffnet die Türe, geht in das Haus und schließt die Türe hinter sich. Das kleine Dreieck und der Kreis tauchen auf und bewegen sich in der Nähe der Türe. Das große Dreieck kommt heraus und bewegt sich auf das kleine Dreieck zu. Die beiden Dreiecke kämpfen, das größere gewinnt und der Kreis bewegt sich währenddessen in das Haus. Das große Dreieck folgt ins Haus und schließt die Türe hinter sich. Dann jagt es den Kreis durch das Haus, während sich das kleine Dreieck an der Außenseite des Hauses Richtung Tür bewegt. Es öffnet die Türe, der Kreis schlüpft hinaus und die beiden schließen die Türe. Das große Dreieck versucht, ihnen zu folgen, es gelingt ihm aber nicht, die Türe zu öffnen. Das kleine Dreieck und der Kreis bewegen sich in Schleifen und berühren einander mehrmals. Das größere Dreieck öffnet die Türe, kommt heraus und jagt die anderen beiden Figuren zweimal um das Haus. Die beiden verlassen das Feld. Das große Dreieck bleibt zurück und zerstört das Haus.

Was ein wenig verwirrend und wie ein mäßig spannender Cartoon klingt, ist im Hinblick auf die Beschreibung der Wissenschaftler hochinteressant: Es gelingt den beiden nicht, die Vorkommnisse zu schildern, ohne den Figuren dabei menschliche Attribute zu verleihen und Motive zu unterstellen. Der Gebrauch von Wörtern wie „jagen", „kämpfen" oder auch „Haus" ist streng genommen unzulässig, da geometrischen Figuren auf keinen Fall Motive für Bewegungen haben können, die ja nicht sie ausführen, sondern Menschen, die die Animation gestaltet haben. Trotzdem scheinen Heider und Simmel schon vor dem Beginn ihres Experiments eine zentrale Hypothese der Sozialpsychologie zu bestätigen: Menschen vermuten hinter allen Aktivitäten, die sie beobachten, eine Ursache und meinen, diese Ursache besonders häufig in dispositionalen Faktoren, wie der Persönlichkeit des Akteurs, zu erkennen, unterschätzen jedoch situative Ursachen. Diese Eigenheit wird in der Psychologie als „Attributionsfehler" bezeichnet. Im ersten Experiment wurden vierunddreißig Probandinnen gebeten, einfach zu beschreiben, was in dem Video passiert ist. Erst im zweiten Experiment, an dem sechsunddreißig andere Studentinnen teilnahmen, wurden konkrete Fragen zum Gesehenen gestellt:

1) What kind of a person is the big triangle? / Was für eine Person ist das große Dreieck?

2) What kind of a person is the little triangle? / Was für eine Person ist das kleine Dreieck?

3) What kind of a person is the circle (disc)? / Was für eine Person ist der Kreis?

4) Why did the two triangles fight? / Warum haben die beiden Dreiecke gekämpft?

5) Why did the circle go into the house? / Warum hat der Kreis das Haus betreten?

6) In one part of the movie the big triangle and the circle were in the house together. What did the big triangle do then? Why? / In einem Teil des Films waren das große Dreieck und der Kreis zusammen im Haus. Was tat das große Dreieck? Warum?

7) What did the circle do when it was in the house with the big triangle? Why? / Was tat der Kreis, als er sich mit dem großen Dreieck im Haus befand? Warum?

8) In one part of the movie the big triangle was shut up in the house and tried to get out. What did the little triangle and the circle do then? / In einem Teil des Films war das große Dreieck im Haus eingesperrt und versuchte herauszukommen. Was taten das kleine Dreieck und der Kreis zu diesem Zeitpunkt?

9) Why did the big triangle break the house? / Warum zerstörte das große Dreieck das Haus?
10) Tell the story of the movie in a few sentences. / Erzählen Sie den Film in ein paar Sätzen nach.

Die Studentinnen sollten also den Charakter der geometrischen Figuren beschreiben, die Gründe für ihre offensichtlichen Streitigkeiten angeben und auch erklären, warum der Kreis sich ins Haus begeben hat. Außerdem wollten Heider und Simmel von ihren Probandinnen wissen, was das große Dreieck im Haus gemacht habe und warum es so gehandelt hätte. Wieso hatte es sich dazu entschlossen, das Haus zu zerstören? Abschließend sollten die Teilnehmerinnen die Handlung des Filmes in ein paar Sätzen beschreiben.

Für Fritz Heider und seine Studentin Marianne Simmel stand bei den beiden Testdurchläufen die Frage im Vordergrund, ob die Versuchsteilnehmerinnen die Geschehnisse beschreiben würden, als hätten sie Lebewesen beobachtet. Tatsächlich gelang es keiner der Psychologiestudentinnen, das Video nicht als eine Geschichte mit belebten Hauptakteuren zu erzählen. Die meisten von ihnen interpretierten die geometrischen Figuren als Menschen, immerhin zwei der Probandinnen meinten, in ihnen Vögel erkennen zu können. Für sie alle war vollkommen klar, dass das kleine und das große Dreieck miteinander kämpfen, dass das kleine Dreieck und der Kreis zusammengehören und dass das dem großen Dreieck nicht gelegen kommt. Dieses wird als der aggressive Übeltäter dieser Geschichte beschrieben und zumeist als Mann interpretiert, der mit dem kleinen Dreieck, einem anderen Mann, um die Gunst einer Frau, also des Kreises, buhlt.

Das große Dreieck wird als kampflustig, temperamentvoll, bösartig, gemein, dumm und wütend charakterisiert. Diese nicht besonders schmeichelhafte Zuschreibung entfällt, unabhängig davon, ob der Grund für das Verhalten des Dreiecks – das übrigens zumeist als männlich wahrgenommen wird – in seiner Persönlichkeit oder als Konsequenz der abgebildeten Situation vermutet wird, immer ausgesprochen negativ.

Das kleine Dreieck hat eindeutig mehr Anhängerinnen und ist nach der Charakterisierung der Versuchsteilnehmerinnen von Heider und Simmel heldenhaft, tapfer, furchtlos, ein Kämpfer. Allerdings fallen die Bewertungen hier ein wenig differenzierter aus als bei seinem größeren Gegenspieler: Neben diesen sehr blumigen Einschätzungen wird die unschuldige geometrische Figur nämlich auch als ängstlich und aggressiv, frech und als Quälgeist skizziert.

Der Kreis, der von den Probandinnen interessanterweise mit großer Einstimmigkeit als weiblich erkannt wurde (fünfundsiebzig Prozent der Befragten gaben sogar dezidiert an, dass es sich hier um eine Frau oder ein Mädchen handelt), wird von ihnen als ängstlich, feig, schüchtern, unsicher, folgsam, hilflos und schwach beschrieben. Zum Glück gab es auch einige Gegenstimmen, die ihn als mutig, intelligent und unbeugsam, loyal und schön, hilfsbereit und sanft wahrgenommen hatten.

Es ist eindrucksvoll, wie viele Adjektive gefunden

wurden, um zwei Dreiecke und einen Kreis zu charakterisieren. Obwohl die Probandinnen nur etwas mehr als zwei Minuten lang drei völlig nichtssagende Formen beobachtet hatten, konnten sie ihnen nicht nur ein Geschlecht, sondern auch komplexe Charaktereigenheiten wie Opportunismus attestieren. Sie waren in der Lage, die Attraktivität der Figuren zu beurteilen und eine Einschätzung ihrer Intelligenz zu geben. Auch die Motive der zweidimensionalen Formen, die über ein Feld bewegt wurden, schienen ihnen keineswegs rätselhaft zu sein: Es war vollkommen klar, dass der kleine schwarze Kreis im Haus Schutz suchte. Er hatte Angst vor einer Auseinandersetzung und versuchte, sich zu verstecken. Als das große Dreieck den Schauplatz betrat, verfolgte es den Kreis und versuchte, ihm näherzukommen. Es attackierte den Kreis und versuchte ihn zu töten oder auch nur ihn zu küssen – in jedem Fall waren sich die Probandinnen darüber einig, dass das Dreieck etwas Böses im Schilde führte und eine Bedrohung für den Kreis darstellte. Das wird auch in den Beschreibungen der Aktivitäten des Kreises klar, die zumeist als Fluchtbewegungen interpretiert wurden. Als das große Dreieck allein im „Haus" zurückblieb, konnten die beiden kleineren Figuren vor der Türe endlich ihren Sieg feiern und einander küssen oder zumindest mit einem kräftigen Handschlag ihren Erfolg besiegeln. Die zirkulären Bewegungen der beiden umeinander wurden als Ausdruck von Freude interpretiert. Auf die Frage hin, warum das große Dreieck am Ende des Filmes das Haus zerstört hätte, antworteten fünfundneunzig Prozent der Befragten, dass die Figur wütend über das Entkommen der Anderen gewesen sei. Außerdem vermuteten manche der Versuchspersonen, dass der Grund für dieses Verhalten in der Persönlichkeit der Figur zu suchen wäre. Ein anderer Erklärungsversuch stützte sich auf die Unzulänglichkeiten des Hauses, die das große Dreieck so erbost hätten: Selbstverständlich machte es diese Wellblechpappattrappe dem Erdboden gleich, immerhin konnte sie ihrem Zweck, nämlich jemanden einzusperren, nicht gerecht werden.

In einem dritten Experiment wurde den Versuchspersonen der Film in umgekehrter Reihenfolge, also mit der Zerstörung des Hauses beginnend, gezeigt. Wieder interpretierten beinahe alle Teilnehmerinnen das Gesehene als menschliches Verhalten. Statt sich auf das Beobachtbare zu beschränken, interpretierten die Teilnehmerinnen das Gesehene im Rahmen einer selbst entwickelten Theorie, die Motive und Charaktereinschätzungen beinhaltet, aber niemals zufällige Entwicklungen in Betracht zieht. Um unsere Umwelt als überschaubar oder vielleicht sogar kontrollierbar wahrnehmen zu können, versuchen wir, Kausalitäten zu finden, auf die wir uns bei der Erklärung von Geschehnissen beziehen können. Sogar die Aktivitäten oder vermeintlichen „Taten" unbelebter geometrischer Figuren werden deshalb durch Charakterzuschreibungen und Beziehungsanalysen erklärt.

» Alltäglicher Nutzen des Heider und Simmel-Experiments

Täglich sind wir einer Menge von Geschehnissen und Merkwürdigkeiten ausgeliefert, ohne sie beeinflussen zu können. Neben so profanen Dingen wie der Pünktlichkeit der Straßenbahn oder den Öffnungszeiten des Bäckers sind es insbesondere die verschlungenen und unergründlichen Wege menschlichen Verhaltens, die uns Tag für Tag zu denken geben: Warum grüßt mich die Kollegin heute nicht? Wieso starrt der Mann in der Straßenbahn so gebannt auf meine Füße? Wird mein Kind heute seine Aufgaben machen oder sich erneut trotz der verzweifelten Drohungen seiner Lehrer lieber mit dem Smartphone ins Bett fläzen und stundenlang Angry Birds spielen? Habe ich meine Statistikprüfung wieder nicht geschafft? Um trotzdem genügend Sicherheit zu verspüren, suchen wir mit großem Engagement nach Erklärungen. Und damit sind wir mitten in einem hochinteressanten sozialpsychologischen Prozess: der Attribution. Menschen versuchen, Beobachtungen, die sie machen, zu erklären. Diese Erklärungen sind entscheidend für ihr weiteres Verhalten und die Überzeugungen, mit denen ein Mensch seinen Mitmenschen, aber auch sich selbst entgegentritt. Dafür gibt es nach Heider zwei Stile: die interne und die externe Attribution. Wer intern attribuiert, versucht, das Verhalten einer Person durch Faktoren zu erklären, die in dieser Person selbst liegen, beispielsweise durch ihren Charakter. Wer extern attribuiert, versucht, situative Bedingungen in den Vordergrund zu stellen. Angenommen, eine Arbeitskollegin hat Sie heute früh nicht gegrüßt, obwohl Sie ihr ein fröhliches „Guten Morgen" entgegengeschmettert haben. Dieses Vorkommnis ärgert Sie und Sie suchen eine Erklärung dafür. Gehören Sie nun zu den Menschen, die intern attribuieren, so haben Sie zwei Interpretationsmöglichkeiten dieses Verhaltens, nämlich: „Ich hab's schon immer gewusst, sie ist einfach eine arrogante Person!" oder: „Ich hab's schon immer gewusst, niemand hier mag mich!" Das heißt, Sie können sowohl bei Ihrer Kollegin als auch bei sich nach internen Gründen suchen, um das unhöfliche Benehmen nachzuvollziehen. Sie könnten aber auch extern attribuieren und sich überlegen: „Auf dem Gang war es vorher eigentlich ziemlich laut, wahrscheinlich hat die Kollegin mich deshalb ganz einfach nicht gehört!" Wir entwerfen also naive Theorien, um für uns aufzuschlüsseln, wie unsere Beobachtungen zustande gekommen sind und welche Faktoren dabei besonders viel Einfluss hatten. Das Experiment von Heider und Simmel zeigt, wie groß unser Wunsch nach einem Skript ist, das Ereignissen Sinn gibt und nachvollziehbar macht, aus welchem Grund etwas auf welche Art passiert. Außerdem zeigt es, mit wie wenigen Informationen wir Vorlieb nehmen, um uns scheinbare Erklärungen zu liefern.

Diese menschliche Eigenheit ist für das gesamte Alltagsleben prägend und ausschlaggebend, da sie bestimmt, wie wir das Verhalten anderer Menschen interpretieren. Am Beispiel von Partnerschaften wird schnell klar, wie schädlich einseitige Attributionstendenzen sein können. In Beziehungen, in denen alle Verhaltensweisen intern erklärt werden, werden etwa Ausfälle wie unbegründete Wutanfälle immer als Ausdruck der Persönlichkeit des Partners interpretiert, selbst wenn sie nur die Folge eines langen Arbeitstages oder eines verstörenden Gesprächs waren. Auch auf das Verständnis der eigenen Leistung kann der Attributionsstil verheerend wirken, beispielsweise, wenn jemand dazu neigt, all seine positiven Leistungen extern zu attribuieren und nur negative Leistungen auf in sich gelegene Faktoren zurückzuführen. Ein Schüler etwa, der so denkt, würde seine misslungene Englischschularbeit ausschließlich als Ausdruck der eigenen Inkompetenz verstehen. Sollte die Schularbeit aber gut bewertet worden sein, wird das nicht als Beweis für Können und Wissen gesehen, sondern als zufällige Folge situativer Bedingungen: Vielleicht war die Lehrerin völlig übermüdet, als sie die Arbeit korrigiert hat, weshalb alle Fehler einfach übersehen wurden? Vielleicht waren die Prüfungsaufgaben diesmal ungewöhnlich einfach? Keinesfalls aber kann dieser Erfolg etwas mit dem eigenen Engagement und den stundenlangen Lernbemühungen zu tun haben.

Schon für eine Person allein bergen Attributionsprozesse also gewisse Risiken. Besonders verzwickt wird es allerdings, sobald mehrere Menschen denselben Sachverhalt beobachten, denn die Beteiligten haben keineswegs dieselben Erklärungsmodelle für ihre gemeinsame Beobachtung. Die Unterschiede in Attributionstendenzen können der Ausgangspunkt von Konflikten und Missverständnissen sein, die sich nur schwer ausräumen lassen. Immerhin sind alle davon überzeugt, sich auf dieselbe Situation zu beziehen, weshalb perspektivenspezifische Differenzen nur selten sichtbar werden.

Die Hölle, das sind immer die anderen

Manches Verbrechen ist so grausam, dass es an der Menschheit zweifeln lässt. Der einzige Trost, wenn wir von ihnen hören, ist die Gewissheit, dass wir selbst nie zu solchen Taten fähig wären. Milgram brachte diese Zuversicht mit seinem weltberühmten Experiment ins Wanken.

Nach den Schrecken des Zweiten Weltkriegs suchte die ganze Welt verzweifelt nach Antworten: Zahllose Menschen hatten sich an Unschuldigen auf schreckliche Weise vergangen, hatten sie gefoltert und ermordet. Das alles geschah, so wurde in späteren Gerichtsprozessen immer wieder verzweifelt vorgebracht, auf den Befehl der militärischen Vorgesetzten. Wie konnte es nur so weit kommen? Warum widersetzte sich kaum jemand? Welche Menschen waren zu solchen Gräueltaten fähig? Und könnte sich eine derartige menschliche Katastrophe tatsächlich wiederholen?

Eine bequeme Möglichkeit, die Geschehnisse zu erklären, war der Verweis auf die angeblich einzigartig strenge, kalte und freudlose Mentalität der Deutschen, die durch ihren auf Gehorsam basierenden Erziehungsstil noch bestärkt wird. Stanley Milgram, ein New Yorker Sozialpsychologe, der in den 1940er-Jahren selbst noch ein Kind war, fand diese Lösung ausgesprochen unbefriedigend. Durfte man wirklich davon ausgehen, dass es ausschließlich in Deutschland zur Machtübernahme durch einen antisemitischen, rassistischen Diktator kommen konnte und die Bevölkerung dies mehr oder weniger widerstandslos akzeptierte und sogar unterstützte? Zahlreiche historische Begebenheiten deuteten darauf hin, dass die „Andersartigkeit der Deutschen" kaum als beruhigende Grundlage dafür angenommen werden konnte, dass sich diese Verbrechen nicht wiederholen könnten. Stanley Milgram sollte im Jahr 1961 den schockierenden Beweis dafür liefern, dass die Mehrzahl aller Durchschnittsmenschen, unabhängig von ihrer Herkunft, sehr ähnlich auf die in der NS-Zeit herrschenden Bedingungen reagiert hätte und sich problemlos allein durch die Befehle von Autoritätspersonen zur Misshandlung anderer Menschen bewegen lässt.

Auf den ersten Blick schien es ein ausgesprochen schwieriges Unterfangen zu sein, Versuchspersonen unter Beobachtung dazu zu bringen, anderen Menschen Schaden zuzufügen. In der Psychologie wird der Terminus „soziale Erwünschtheit" häufig eingesetzt, um zu erklären, dass Probanden, die Fragebögen ausfüllen oder an Laboruntersuchungen teilnehmen, sich immer in dem Bewusstsein, unter Beobachtung zu stehen, bemühen, ein möglichst sozial kompatibles Bild von sich zu zeichnen. Wie sollten also zufällig ausgewählte, rechtschaffene Bewohner von Connecticut, wo das berühmte Milgram-Experiment stattfand, dazu gebracht werden, sich entgegen allen sozialen Konventionen zu bewusster Grausamkeit gegenüber ihren Mitmenschen zu bekennen? Der junge Assistenzprofessor Stanley Milgram löste dieses Problem mit Hilfe eines Schauspielers und der Attrappe eines Generators, die dem Schauspieler angeblich unterschiedlich starke Elektroschocks verpasste.

Zunächst mussten die Versuchspersonen allerdings rekrutiert werden. Um das Ergebnis seiner Untersuchung nicht zu verfälschen, täuschte der Psychologe in der Anzeige, die er in der Zeitung veröffentlicht hatte, ein Gedächtnisexperiment vor, dessen Teilnahme mit einem kleinen Geldbetrag belohnt werden würde. In der Universitätsstadt New Haven fanden sich zahlreiche Freiwillige, die, auf den guten Ruf der Yale University vertrauend, gerne an einem auf den ersten Blick harmlos erscheinenden Experiment teilnehmen wollten. Dabei gerieten die arglosen Teilnehmer in die Inszenierung einer psychologischen Untersuchung, die einer Theateraufführung gerecht werden konnte. Außer ihnen waren alle Teilnehmer in den Ablauf des Experiments eingeweiht, bei dem natürlich niemand wirklich zu Schaden kommen sollte. Dieses Forschungsdesign, also der Einsatz von Schauspielern in einer nur der Versuchsperson nicht bekannten Inszenierung, hatte Milgram bereits in den Arbeiten Milgrams Doktorvaters, des Sozialpsychologen Solomon Asch, großen Erfolg gezeigt.

Inspiriert von seinem Lehrer, plante Stanley Milgram eine Pseudoversuchsperson ein, bei der es sich um einen Schauspieler handelte. Dieser Schauspieler wurde aufgrund seines besonders durchschnittlichen Erscheinungsbildes gewählt und mit einem möglichst unauffälligen Pseudonym versehen. Er sollte genau wie jede Zufallsbekanntschaft aussehen, die man im Supermarkt an der Kasse vorlässt, im Stiegenhaus grüßt oder die im Zug gegenübersitzt, absolut keine leidenschaftlichen Gefühlsregungen auslöst und die man nach wenige Minuten für immer vergisst. Gemeinsam mit der tatsächlichen Versuchsperson wurde der Schauspieler in groben Zügen in das Experiment eingeführt: In dem Versuch sollte eine der beiden Personen als Schüler der anderen Wortgruppen wiederholen. Sollte der „Schüler" in dieser vermeintlichen Gedächtnisübung Fehler machen, so würde ihm der „Lehrer" in dem Versuch einen Stromschlag verpassen. Mit einiger Erleichterung erfuhr der echte, nicht eingeweihte Teilnehmer, dass er durch Auslosung für die Rolle des Lehrers vorgesehen war. Der unauffällige Schauspieler, der mit einigen schwachen Witzen scheinbar von seiner Nervosität ablenken wollte, wurde vom Versuchsleiter zu einem äußerst bedrohlich aussehenden und mit zahlreichen Knöpfen versehenen, metallisch glänzenden Stuhl geführt. Wie von Milgram beabsichtigt, konnte man sich des Eindrucks nicht erwehren, es mit einem elektrischen Stuhl zu tun zu haben, wie er in den USA zur Hinrichtung von Verbrechern eingesetzt wurde und teilweise immer noch wird. Nun bat der Versuchsleiter den Teilnehmer, den bebrillten Schauspieler mit rosigen Wangen und schlecht gebundener Krawatte mithilfe mehrerer Gurte an den an ein Folterinstrument gemahnenden Stuhl zu schnallen, seine Hände mit Elektroden zu versehen und den zunehmend beunruhigten Mann mittleren Alters wie ein Paket zu verzurren. Um einschätzen zu können, welchem Schmerz der Prüfling vermeintlich ausgesetzt sein würde, wurde den Versuchspersonen ein kleiner elektrischer Schlag verpasst. Die 45 Volt, die sie dabei ertragen mussten, waren sicherlich keine angenehme Erfahrung, aber kaum spürbar im Vergleich zu den Voltstärken, die sie an dem Generator, den sie einsetzen sollten, ablesen konnten. Bis zu 450 Volt konnte man an den inzwischen ängstlich auf und ab wippenden Schüler in dieser Inszenierung abgeben. Bereits ein Bruchteil davon hätte ausgereicht, um sein Leben zu gefährden. Bei jedem Fehler, den der freundliche Durchschnittsmann im Nebenzimmer machte, sollte die Versuchsperson den verabreichten Stromschlag um 15 Volt erhöhen. Die Wortreihen, die wiederholt werden sollten, waren einfach, aber doch recht lang und auf Dauer verwirrend, und schon bald musste der Teilnehmer des Experiments den ersten Elektroschock initiieren. Der bisher Fröhlichkeit mimende Schauspieler, der mit den Versuchspersonen durch eine Gegensprechanlage in Verbindung stand, verlor bereits nach dem ersten Schlag einiges an Elan. Im Laufe des Versuchs vergaben die nicht eingeweihten „Lehrer" immer höhere Schocks und die Verzweiflung des „Schülers" wurde von Mal zu Mal größer, bis er vor Schmerzen schrie und um den sofortigen Abbruch des Experiments bettelte. In Wahrheit erlitt der Schauspieler selbstverständlich keinen Schaden, sondern reagierte auf die vergebenen Voltzahlen wie er vorher mit Milgram vereinbart hatte. Einigen Teilnehmern kamen bei den aus dem Nebenraum dringenden Schmerzenslauten, dem Stöhnen und Flehen Bedenken und sie äußerten Zweifel an dem Versuchsaufbau. Daraufhin wurden sie vom Experimentator mit vier im Vorhinein standardisierten Sätzen (zum Beispiel "Whether the learner likes it or not, you must go on until he has learned all the word pairs correctly. So please go on.") zum Schweigen gebracht. Auf Fragen nach den gesundheitlichen Folgen für den Schauspieler, der im Hintergrund jammerte und seufzte, wurden ebenfalls zuvor formulierte Redewendungen eingesetzt, in denen versichert wurde, dass keine langfristigen Schäden zu erwarten sein. Auch auf die aufkommende Diskussion, wer die vermeintliche Misshandlung eines unschuldigen Mitmenschen zu verantworten hätte, der durch Zufall in der ungünstigeren Position in diesem Experiment gelandet war, waren die Experimentatoren vorbereitet: Die Verantwortung liege beim Versuchsleiter, erteilten sie trocken Auskunft. Erst nach dem vierten durch eine Versuchsperson vorgebrachten Einwand reagierte Milgram und brach den Versuch ab.

Milgrams Ergebnisse waren und sind bis heute erschreckend: Von 40 Personen weigerten sich nur 14, die maximale Voltzahl einzusetzen. Der Psychologe beobachtete zwar an vielen der Versuchspersonen, dass sie sehr unter dieser Anordnung litten, denn sie zitterten, weinten, kicherten nervös, schlugen sich selbst oder führten leise Selbstgespräche. Dennoch folgte der Großteil der Probanden den Anweisungen der Autoritätsperson. Nach Abschluss des Experiments wurden alle Probanden über die Versuchsreihe aufgeklärt und sie konnten sich von der Gesundheit des Schauspielers überzeugen. Trotzdem wird das Milgram-Experiment wegen seiner fragwürdigen ethischen Richtlinien immer wieder äußerst kritisch diskutiert, und tatsächlich können Folgeerscheinungen für die zufällig ausgewählten Probanden nicht ausgeschlossen werden. Milgram selbst zeigte sich von seinen Ergebnissen überrascht, die schon bald darauf in jedem Lehrbuch für Psychologie zu finden waren.

» Alltäglicher Nutzen des Milgram-Experiments

Milgram beschreibt in jenem Artikel, in dem er seine Ergebnisse vorstellt, dass ihn zwei Resultate seiner Bemühungen besonders überrascht haben. Zum einen ist es das scheinbar unglaublich starke, vielleicht typisch menschliche Bedürfnis zu gehorchen, das ihn beeindruckt. Obwohl anzunehmen ist, dass alle teilnehmenden Probanden in ihrer Kindheit gelernt haben, dass es indiskutabel ist, einer anderen Person Schmerz zuzufügen, obwohl sie weder mit finanziellen Einbußen noch mit strengen Strafen zu rechnen hatten, wenn sie sich widersetzten, entschieden sich die meisten von ihnen, den Befehlen einer als Autorität gekennzeichneten Persönlichkeit zu folgen. An den unwilligen und oft sogar verzweifelten Reaktionen der Testpersonen auf ihr eigenes unmoralisches Verhalten liest Milgram ab, dass sie sich ihren Werten und Überzeugungen völlig entgegengesetzt verhielten. Diese Diskrepanz zwischen Verhalten und Erleben ist für Milgram die zweite große Überraschung seines Experiments.

Obwohl die Ergebnisse von Milgrams Gehorsamkeitsexperiment mehr als fünfzig Jahre alt sind, hinterlassen sie auch heute noch ein mulmiges Gefühl bei allen, die sich mit den Resultaten beschäftigen. Was bedeutet die blinde Bereitschaft Erwachsener, sich den Befehlen beliebiger Autoritäten zu unterwerfen für unsere Gesellschaft?

Völlig unabhängig vom Bildungsgrad, der politischen Ausrichtung und dem Alter scheinen sich Menschen, sobald sie die Möglichkeit haben, lieber nach anderen zu richten, als selbst nach moralisch vertretbaren Richtlinien zu suchen. Im Schein unserer Leselampe zu Hause auf der gemütlichen Couch sind wir alle davon überzeugt, dass wir uns anders entschieden und einen unschuldigen, wenn auch offenbar ein wenig lernschwachen Schüler nicht mit Elektroschocks traktiert hätten. Aber Milgrams Experiment beweist: Auch in Situationen, die das eigene Leben nicht gefährden, sind Menschen gerne bereit, Verantwortung abzugeben und sich an die Anweisungen von Autoritätspersonen zu halten, völlig unabhängig davon, wie sehr sie den eigenen moralischen Kompass strapazieren oder wie sinnlos und absurd sie sind. Misanthropen würden dieses Kapitel mit dem Brecht-Zitat „Der Mensch ist nicht gut" enden lassen, zum Glück gibt es aber auch Experimente, die die Hoffnung auf unbeugsame Persönlichkeiten zumindest ein wenig retten können, etwa jenes von Pennebaker und Sanders, deren Untersuchungen im Reaktanz-Kapitel dargestellt werden.

Wie Unkonventionelles Konventionellem weichen muss

Kinder erfreuen uns immer wieder mit ihrer Fähigkeit, kleine und überraschende Details zu entdecken, die Erwachsene völlig übersehen. Der für seine wissenschaftlichen Verdienste zum Ritter geschlagene Frederic Bartlett versuchte herauszufinden, warum sich ungewöhnliche und gerade deshalb so spannende Momente unserer Wahrnehmung häufig entziehen.

„Die Psychologie hat eine lange Vergangenheit, aber nur ein kurze Historie", so meinte vor mehr als 100 Jahren der Psychologe Hermann Ebbinghaus und ging damit selbst in die Geschichte der Psychologie ein, die er mit seinen Beiträgen zur Gedächtnisforschung prägte. Ebbinghaus ist von großer strategischer Bedeutung für die Psychologie, weil er mit seinen Experimenten vermeintlich beweisen konnte, dass selbst komplexe psychische Phänomene wie das Gedächtnis mit einfachen naturwissenschaftlichen Methoden zu erfassen sind. Zu seiner Zeit, um die Wende zum zwanzigsten Jahrhundert, war man keinesfalls davon überzeugt, dass das Experiment dazu taugte, die schwierigen erkenntnistheoretischen Fragen, die sich die Psychologie stellt, zu beantworten. Selbst der Gründungsvater der experimentellen Psychologie, Wilhelm Wundt, betonte die engen Grenzen seiner Forschungsmethoden. Sein junger Schüler Hermann Ebbinghaus könnte sich von diesen Einschränkungen herausgefordert gefühlt haben, jedenfalls setzte er alles daran, um zu beweisen, dass Wundt falschlag. Er entschied sich dafür, eines der besonders komplexen Fachgebiete, das Gedächtnis, zu erforschen. Mit einer bestechend einfachen Versuchsanordnung und der Hilfe unzähliger sinnloser Silbenpaare gelang es ihm, Ergebnisse zu sammeln, die bis heute von großer Bedeutung für die Psychologie sind und auch in der Schulpädagogik von großem Nutzen sein könnten. So konnte er in seinen Versuchen zeigen, dass der Lernaufwand überproportional zum Inhalt steigt, wodurch sich das Scheitern mancher Lehrstrategien erklären lässt. Außerdem beschrieb er erlangtes Wissen als „perseverierend", was bedeutet, dass jeder erlernte Inhalt erhalten bleibt, selbst, wenn er nicht bewusst abrufbar ist. Erst durch Hinweisreize werden diese Informationen wieder zugänglich gemacht. Wie immer, wenn jemand besonders gerühmt wird, dauerte es nicht lange, bis auch Stimmen der Kritik laut wurden. Der bekannteste Kritiker der Ebbinghaus'schen Experimente, Frederic Bartlett, sollte mit seinen sehr kreativen sozialpsychologischen Versuchen die zweite große Strömung der Gedächtnisforschung begründen.

Sir Frederic Charles Bartlett, der im Jahr 1948 aufgrund seiner besonderen wissenschaftlichen Verdienste als Psychologe zum Ritter geschlagen wurde, bemängelte insbesondere eines an Ebbinghaus' Methoden der Gedächtnisforschung: Warum sollte unser Gedächtnis, dessen vielleicht größter Verdienst es ist, Sinn zu stiften, mithilfe sinnloser Silben, denen jeder Zusammenhang fehlt, untersucht werden? Der 1886 geborene Brite wusste natürlich um die Vorteile strenger Laboruntersuchungen, allerdings war er an in diesem Setting erforschbaren Inhalten gar nicht interessiert. Die wirklich spannenden Phänomene waren für Bartlett viel eher jene, die im Alltag beobachtbar sind, also Gedächtnisleistungen, wie das Erinnern an biografische Details, das Verknüpfen von Erinnerungen oder auch das Nacherzählen von Erlebtem. Um diese Inhalte erfassbar zu machen, entwickelte Bartlett nicht nur besonders originelle, sondern auch unterhaltsame Experimente.

Im Zentrum des hier geschilderten Experiments stand eine Geschichte aus einem völlig anderen Kulturkreis. „The War of the Ghosts", eine nordamerikanische Sage, ist mit verwirrenden magischen Details und Namen gespickt, die es sehr schwer machen, der Erzählung zu folgen. Es geht darin um zwei junge Männer, die eigentlich auf der Robbenjagd sind. Auf ihrem Weg werden sie aber auf umständliche Weise in einen Krieg verwickelt, in den offenbar Geister involviert sind, auch wenn für europäische Leser oder Hörer nie ganz klar wird, wie die Geister als solche erkennbar sind. Nachdem einer der jungen Männer, der an vorderster Front im „Krieg der Geister" gekämpft hatte, die Geschehnisse am Feuer seinen Dorfnachbarn erzählt, stirbt er unerwartet unter dramatischen, aber mysteriösen Umständen.

Die Geschichte steckt voll ungewöhnlicher Eigennamen, Magie und plötzlicher Wendungen, die nicht mit dem konventionellen Erzählverlauf der in Europa weitergegebenen Geschichten vereinbar sind. Die übliche Struktur von Erzählungen ist verlässlich und vorhersehbar: Nach einer meist kurzen Einleitung führt uns die sich steigernde Spannung wie über einen Bogen zu einem Höhepunkt. Nach dem Spannungsabbau gibt es einen Schlussteil, in dem alle losen Fäden verwoben werden. Häufig dient das Wetter als prophetische Warnung für den Verlauf einer Geschichte: Gewitterstürme deuten auf ein nahendes dramatisches Ereignis hin, während blauer Himmel und Schäfchenwolken auf ein gutes Ende hoffen lassen. Diesem nüchternen Erzählbogen folgen Grimms Märchen genau wie Goethes Faust, Kinderbücher oder aktuelle Fernsehserien. Wenn sich eine Geschichte – wie die beschriebene Sage – nicht an diese Regeln hält, wirkt das sehr irritierend.

Mit steigender Irritation fällt es leider auch schwerer, sich an den Verlauf einer Geschichte zu erinnern, weshalb sie nur schwer zu rekonstruieren ist. Frederic Bartletts Versuchspersonen scheiterten an diesem Vorhaben im Rahmen dieses ungewöhnlichen Versuchs. Sie wurden gebeten, die nur wenige Zeilen lange Sage „The War of the Ghosts" zweimal zu lesen und später wiederzugeben. Aus den Nacherzählungen der überschaubaren Stichprobe (Bartlett testete zwanzig Personen) spricht passagenweise eine gewisse Ratlosigkeit, die aber in den meisten Fällen schnell von Tatendrang und Ehrgeiz abgelöst wurde. Merkwürdigerweise lasen sich die neuen Versionen des volkstümlichen Märchens verdächtig ähnlich wie die Drehbücher zu Disneyfilmen: Sie folgten der althergebrachten und vielmals geprüften Struktur – Einleitung, Spannungsaufbau, Höhepunkt, Spannungsabbau, Ende – und erwähnten scheinbar sinnlose oder auch verwirrende Textabschnitte einfach nicht. Außerdem wurden für diese neue Fassung nützliche Elemente ergänzt, die sie unterstützen und für unsere Ohren flüssiger machen. Statt der gewünschten Folkloresage aus dem Kulturraum nordamerikanischer Indianer bekam Bartlett von seinen Versuchspersonen also vielmehr ihre Bemühungen, dem sperrigen und ungelenken Text Sinn zu geben.

Der Forscher war keineswegs enttäuscht von seinen Probanden, sondern konnte aus dieser Beobachtung einige wichtige Erkenntnisse ableiten: Zunächst stellte er fest, dass der Erinnerungsprozess dynamisch und von sozialen Bedingungen geprägt zu sein scheint. Statt, wie Ebbinghaus' Experimente vermuten ließen, ein objektives Abbild des Gehörten oder Gelesenen zu erinnern, vermischen sich in unseren Nacherzählungen stets die tatsächlichen Gegebenheiten mit persönlichen Einflüssen, Vermutungen und Unterstellungen. Jeder neue Inhalt wird in bereits vorliegende Informationen eingebunden und im Lichte dieser Informationen interpretiert. Die Nacherzählungen von Bartletts Probanden waren voller Erklärungen für das Gehörte und viele der Probanden schufen offenbar Bezüge zu anderen Geschichten, die sie kannten und die Ähnlichkeiten zur Sage „War of the Ghosts" hatten. Bartlett nannte diesen Prozess „Rationalisierung". Von lebhaften Hinweisen auf den angeblich beschriebenen Federschmuck der Indianer, die in der Geschichte vorgekommen waren, bis hin zu Interpretationen, die auf die ägyptische Mythologie verwiesen, versuchten die Versuchsteilnehmer fieberhaft, alles, woran sie sich erinnern konnten, zu nutzen, um die geforderte Erinnerung zu konstruieren. Dass Erinnerungen Konstruktionen sind, die unter Bezugnahme auf andere Erinnerungsinhalte gebastelt werden, ist eine der zentralen Erkenntnisse, die Bartlett mit seinen Experimenten verdeutlichen konnte. Dabei interessierte sich der Psychologe auch dafür, inwiefern sich diese Konstruktionen im Laufe der Zeit verändern würden. Schon wenige Minuten, nachdem seine Teilnehmer die Geschichte zum ersten Mal gehört hatten, veränderten sie deren Verlauf und Details, wie Eigennamen, ohne es zu bemerken. Wie würde ein paar Wochen oder gar zehn Jahre später die Rekonstruktion einer fremdartigen Sage ausfallen, mit der sie in der Zwischenzeit wohl kaum in Berührung gekommen waren?

Bartlett, der den ersten Lehrstuhl für Psychologie an der renommierten Cambridge Universität innehatte, bat seine Versuchspersonen in unregelmäßigen Zeitabständen darum, dieselbe Geschichte ein weiteres Mal zu erzählen. Verblüffenderweise kam er zu der Erkenntnis, dass sich die Struktur dieser Nacherzählungen nur mehr unbedeutend veränderte. Hatten die Probanden einmal die für sie richtig erscheinende Version der Sage

gefunden, veränderte sich die Struktur dieser Nacherzählungen nur mehr unwesentlich. Unabhängig davon,
wie viel Zeit verstrichen war, behielten sie ihren ersten
Entwurf des „Krieges der Geister" bei – Bartlett nannte dies das „Persistieren der Form". Wir erinnern uns
also nur im Rahmen der Möglichkeiten, die uns unsere
Erfahrungen, bereits bestehenden Erinnerungen und
kulturellen Prägungen erlauben. In der Folge bleiben
wir bei einer einmal gefundenen und gleichzeitig er-
fundenen Wahrheit, ohne Rücksicht darauf nehmen zu
können, dass sogenannte „Schemata", gewissermaßen
mentale Abkürzungen, die uns das Leben erleichtern
sollen, uns möglicherweise den Blick auf besonders interessante und entscheidende Details versperren. Das
Unkonventionelle muss sowohl in unserer Wahrnehmung als auch in unserer Erinnerung immer dem Konventionellen weichen.

≫ Alltäglicher Nutzen des Bartlett-Experiments

Sir Frederic Bartlett konnte der Gedächtnisforschung mit
seinen kreativen und beinahe verspielten Experimenten
Anfang des zwanzigsten Jahrhunderts einen Impuls geben, der bis heute großen Einfluss auf viele psychologische Studien hat. Durch seine Versuche wurde klar, dass
die Erinnerungen keineswegs akkurate Reproduktionen
des Erlebten, Gesehenen oder Gehörten sind, sondern
immer in im Laufe des Lebens aufgebaute Schemata ein-

gebettet interpretiert werden. Diese Erkenntnis war für viele Gedächtnisforscher, wie für die Psychologin Elizabeth Loftus, deren Arbeiten ebenfalls in diesem Buch vorgestellt werden, Ausgangspunkt für ein modernes Verständnis ihres Forschungsfelds, das das Erinnern als konstruktiven, kreativen Prozess begreift.

Auch für den Laien sind Bartletts Ergebnisse hochinteressant, erklären sie doch sehr plakativ, warum, wenn mehrere beteiligte Parteien über dasselbe Streitgespräch erzählen, zuweilen das Gefühl entsteht, die Erzähler können gar nicht im selben Zimmer gewesen sein, so sehr unterscheiden sich ihre Berichte voneinander. In jedem Gespräch, ob es nun friedlich verläuft oder nicht, setzt der von Bartlett beschriebene Rationalisierungsprozess sofort ein: Noch während wir zuhören, sortiert unser Gehirn, welche Informationen für uns sinnvoll sind und welche wir besser schnell vergessen, da sie ohnehin nur Verwirrung stiften würden. Denken wir an dieses Gespräch zurück, hat unser Geist ganz ohne böse Absicht die Zerstörung schon angerichtet: Konventionelles, das zu anderen Erinnerungen passt, wird angenommen, und Unkonventionelles, zum Beispiel, wenn jemand, der immer nur Dummheiten von sich gibt, ausnahmsweise etwas bemerkenswert Schlaues sagt, wird eilig fallengelassen, um die bequemen Schemata, die unsere Denk- und Erinnerungsprozesse vereinfachen sollen, nicht in Gefahr zu bringen. Die Rationalisierung hat durchaus Vorteile, immerhin ermöglicht sie es uns, mit einer unüberschaubaren Fülle an Informationen fertig zu werden. Leider erschwert sie es uns auch, die interessanten, überraschenden, ungewöhnlichen Details des täglichen Lebens zu würdigen. Auch das von Bartlett entdeckte „Persistieren der Form" stimmt nicht unbedingt optimistisch: Haben wir einmal unsere Version von Wahrheit konstruiert, ist es sehr schwer, von diesem Entwurf abzuweichen und aus einer anderen Perspektive neue Aspekte dieser Wahrheit zu erkennen. Das kann nicht nur nach Konflikten mit nahestehenden Menschen, sondern zum Beispiel auch bei einmal gefundenen Selbstkonzepten problematisch sein: Ist jemand, der unter Depressionen leidet, einmal davon überzeugt, kein wertvoller Mensch zu sein, ist es sehr schwierig, diese einmal gefundene „Wahrheit" wieder geradezurücken und sich auch an erfreuliche Aspekte der eigenen Biografie und Person zu erinnern. Ein Weg, um diese unerfreuliche Konsequenz der starren Grenzen aufzuweichen, die uns Wahrnehmungs- und Gedächtnisschemata aufdrängen, ist, für neue Erfahrungen offen zu bleiben und durch neue Erlebnisse die Fähigkeit auszubauen, überrascht zu werden.

08/15-Patienten oder Jeder kann über das Kuckucksnest fliegen

Dicke feuchte Steinmauern, sterile weiße Kittel ... psychiatrische Einrichtungen werden in Filmen und Büchern sehr häufig als bedrohliche Orte dargestellt, die es unbedingt zu meiden gilt. Rosenhan entschloss sich, diesem Mythos nachzugehen: Er ließ sich kurzerhand selbst einweisen.

Ein in Horrorfilmen und dramatischen Scheidungsberichten immer wieder auftauchendes beliebtes Sujet ist das tatsächliche, oder manchmal bloß ersehnte, Einweisen einer gesunden Person in eine psychiatrische Anstalt. Die zumeist an mittelalterliche Einrichtungen gemahnenden Darstellungen, die nur selten ohne Schimmel an den Wänden oder soziopathische Anstaltsleiter auskommen, vermitteln eine düstere und bedrohliche Umgebung, die – sollte noch keine Pathologie vorliegen – den optimalen Nährboden für die Ausbildung psychischer Erkrankungen bietet. In diesen filmischen Darstellungen wird schnell klar, dass die Differenzierung zwischen Normalität und Wahnsinn fließend ist. Tatsächlich spielen die oft verschwimmenden

Grenzen in der Diagnose und Behandlung psychischer Erkrankungen eine wichtige Rolle, auf die von kritischen Psychologen vehement hingewiesen wird: Wer entscheidet auf welche Weise, wer gesund ist und wer nicht, und wie treffsicher sind diese das Leben der Betroffenen und ihrer Angehörigen für immer verändernden Diagnosen?

Die für die Behandlung hilfreichen, aber in vielen Fällen gefährlichen, in die Irre führenden und für das Wohlergehen des vermeintlichen Patienten bedrohlichen Kategorien geistiger Gesundheit oder Umnachtung gaukeln klare Unterscheidungsmöglichkeiten vor, die David L. Rosenhan, einem amerikanischen Psychiater, ein Dorn im Auge waren. Die diagnostischen Instrumente, mit denen er und seine Kollegen in den 1960er-Jahren Tag für Tag arbeiteten, erschienen ihm allzu einfach. Anders als viele Wissenschaftler es an seiner Stelle gemacht hätten, entschied er sich dagegen, lange, wütende Tiraden zu verfassen, in denen mit erhobenem Zeigefinger über die Unzulänglichkeiten der Psychologie und Psychiatrie der Moderne gewettert wird, aber er resignierte auch nicht und weigerte sich, die von ihm vermuteten Schwachstellen als gegeben und unvermeidlich hinzunehmen. Stattdessen ersann er ein Forschungsdesign, das tiefe Einblicke in das Leben in psychiatrischen Anstalten, die Folgen einer Diagnose für die Diagnostizierten und schließlich die Treffsicherheit dieser Diagnosen gibt und den französischen Philosophen Michel Foucault nach der Veröffentlichung des Forschungsberichts im Jahr 1973 dazu veranlasste, einen „Nobelpreis für wissenschaftlichen Humor" für Rosenhan zu fordern.

Um möglichst authentische Forschungsergebnisse zu sammeln, war für Rosenhan schnell klar: Die Grenzen der diagnostischen Bemühungen seines Berufsstandes lassen sich am besten aufdecken, indem völlig gesunde Personen in psychiatrische Anstalten eingeschleust werden. Würden sie entdeckt, wäre das ein Beweis für die klare Unterscheidbarkeit zwischen psychisch krank und gesund. Sollten die Pseudopatienten allerdings nicht identifiziert werden, wäre damit ein Grundpfeiler der traditionellen Psychiatrie erschüttert und das Fundament für die kritische Diskussion ihrer Vorgehensweisen wäre gelegt.

Schnell waren acht Personen gefunden, die an Rosenhans gewagtem Experiment teilnehmen wollten und sich in 12 verschiedene psychiatrische Anstalten, teilweise also in mehrere nacheinander, einschleusen ließen. Die Zusammensetzung der kleinen Gruppe von Freiwilligen war ungewöhnlich: Neben drei Psychologen und einem Psychologiestudenten waren ein Kinderarzt, ein Psychiater, ein Maler und eine Hausfrau bereit, sich unter einem Pseudonym, ausgestattet mit einem fiktiven Krankheitsbild, bei mehreren Anstalten zu melden und dort ihre angeblichen Symptome zu schildern. Auch Rosenhan selbst verfolgte als Pseudopatient sein Forschungsinteresse und verbrachte einige Zeit als anonymer Patient in einer Psychiatrie. Sein Aufenthalt war nur dem Leiter der Anstalt bekannt. Die psychiatrischen Einrichtungen, die auf diese Art geprüft wurden, waren sehr unterschiedlich: Angesiedelt in fünf verschiedenen Staaten an der West- und Ostküste der USA, waren manche veraltet, andere neu eingerichtet. Manche waren überbelegt, andere hielten das optimale Verhältnis zwischen Patienten- und Mitarbeiterzahl ein, manche waren staatlich gefördert, eine der Einrichtungen war privat.

Die Aufgabe der Versuchspersonen war einfach: Sie sollten sich bei Anstalten melden und alle die gleichen Symptome schildern: Sie sollten vorgeben, Stimmen zu hören, die zwar häufig schwer zu verstehen seien, aber üblicherweise die Wörter „leer", „hohl" und „bum", also das Geräusch eines dumpf auf den Boden prallenden Gegenstandes, wiederholten. Die Wahl fiel nicht von ungefähr auf diese weder besonders bedrohlichen noch sehr aussagekräftigen Vokabeln: Sie könnten als Äußerung empfundener Bedeutungslosigkeit und Leere im Leben des Patienten interpretiert werden. Gleichzeitig war zum Zeitpunkt von Rosenhans Untersuchung in der Literatur kein einziger Hinweis auf das gemeinsame Auftreten einer Psychose und empfundener Bedeutungslosigkeit zu finden. Rosenhan hatte auf diese Weise also sichergestellt, dass die Symptome, die seine Pseudopatienten zeigten, noch nie zuvor beobachtet worden waren. Abgesehen von dem Hören undeutlicher Stimmen sollten die Patienten keinerlei Symptome vortäuschen und ihre Lebensgeschichte im Erstgespräch mit Vertretern der psychiatrischen Anstalten möglichst wahrheitsgetreu wiedergeben. Dieses Detail ist so wichtig, weil nichts in den biografischen Einzelheiten der

Pseudopatienten auffallend war und auf eine psychiatrische Erkrankung hindeutete.

Kaum hatten die Versuchspersonen sich unter Hinweisen auf sinnlose Wortfolgen murmelnde Stimmen erfolgreich in eine psychiatrische Anstalt einweisen lassen, gaben sie auf alle Nachfragen an, dass sie sich ausgezeichnet fühlten und die Symptome, die sie an diesen trostlosen Ort gebracht hatten, wie weggeblasen waren. Sie benahmen sich ihrem Naturell entsprechend, plauderten mit den Patienten und dem medizinischen Personal, folgten dem für die jeweiligen Stationen üblichen Programm, hielten die Essenszeiten ein und waren alles in allem vorbildliche Patienten, sieht man vom Fehlen jeder Krankheit ab. Selbst die großzügig verteilten Medikamente wurden ohne jedes Murren angenommen, allerdings schluckten die Pseudopatienten die große Auswahl an Psychopharmaka nicht, sondern entsorgten sie unauffällig, wenn sich die Gelegenheit dazu ergab.

Um das Experiment möglichst gut zu dokumentieren, waren alle Teilnehmer dazu angehalten, ihre Erfahrungen zu Papier zu bringen. Anfangs versuchten sie, nur im Verborgenen zu schreiben und ihre protokollarischen Bemühungen sowohl vor den anderen Patienten als auch vor dem medizinischen Personal vor Ort geheim zu halten. Nach kurzer Zeit wurde aber klar, dass sich das Interesse beider Gruppen an diesen Notizen in engen Grenzen hielt. Nach dieser Erkenntnis wurde offen und an frei zugänglichen Plätzen über die Vorkommnisse in der Psychiatrie geschrieben. Ein für die Teilnehmer der Studie nicht zu unterschätzender

Grund, sich so vorbildlich zu benehmen, war, dass sie, ebenso wie die anderen Patienten, nicht darüber in Kenntnis gesetzt wurden, wann sie die Psychiatrie wieder verlassen durften. Jeder von ihnen wurde darüber informiert, dass es ihm selbst obliege, wie lange er stationär aufgenommen bliebe: Könne er die verantwortlichen Ärzte davon überzeugen, dass es ihm wieder besser ginge, wäre er frei und dürfte die Anstalt selbstverständlich wieder verlassen. So sind auch die Berichte, die die behandelnden Schwestern über die Pseudopatienten verfassten, nicht überraschend: Sie wurden darin als durchwegs freundlich und kooperativ bezeichnet.

Nichtsdestotrotz wurde keiner der Pseudopatienten identifiziert. Die Diagnose für alle bis auf einen war sehr schnell klar: Schizophrenie in Remission. Die Teilnehmer des Rosenhan-Experimentes verbrachten durchschnittlich 19 Tage in den psychiatrischen Anstalten, wobei jener Patient, der am längsten aufgenommen blieb, 52 Tage ausharren musste, bevor er als verdeckt teilnehmender Beobachter demaskiert wurde. Auf der Suche nach Gründen dafür, dass die Pseudopatienten nicht als gesund erkannt wurden, schloss Rosenhan daher die Dauer des Aufenthalts und die damit verbundenen Gelegenheiten zur Beobachtung ebenso wie die Qualität der Anstalten, von denen einige einen ausgezeichneten Ruf hatten, aus.

David L. Rosenhan beschrieb die einmal getroffene Diagnose einer psychischen Erkrankung als „klebrig", also als eine Art Stempel, der allen Menschen eine bestimmte Botschaft vermitteln soll (in diesem Fall:

Achtung, krank!) und nicht mehr abzuschütteln ist. Sobald die Diagnose getroffen ist, bestimmt sie nicht nur den Umgang mit den Betroffenen, sondern auch die Wahrnehmung und Interpretation ihres Verhaltens. Es scheint, als wären alle Besonderheiten und Verhaltensweisen, die typisch für eine Person sind, nur mehr im Licht der – manchmal falsch getroffenen – Diagnose verstehbar, denn wir nehmen Inhalte, Verhalten und Aktionen niemals losgelöst vom Kontext wahr, in dem sie verhaftet sind.

Sehr eindrucksvoll zeigen das die Protokolle, die die Pseudopatienten von ihrer Anstaltszeit verfasst haben. Auf die Frage nach der Beziehung zu seinen Eltern beschrieb einer der Teilnehmer des Experiments wahrheitsgetreu seine Erfahrungen. Der Pseudopatient hatte in seiner Kindheit ein sehr liebevolles Verhältnis zu seiner Mutter, während er die Verbindung zum Vater als eher zurückhaltend beschrieb. In der Pubertät entwickelte sich aber eine tiefe Freundschaft zwischen Vater und Sohn und die Bindung zur Mutter kühlte ein wenig ab. Inzwischen führte der Pseudopatient eine harmonische Ehe, in der es nur selten zu Streit kam.

Der Bericht aber, der mit der Vorab-Information über die zweifelhafte psychische Gesundheit des Patienten entstanden ist, wirkt auf den ersten Blick, als würde er die Geschichte einer völlig anderen, offensichtlich zerrütteten Persönlichkeit abbilden:

„Der 39-jährige Mann … hat eine lange Vergangenheit ambivalenter Beziehungen hinter sich, die bereits in der Kindheit ihren Anfang nahmen. Die enge

Beziehung zur Mutter kühlte während seiner Pubertät ab. Das distanzierte Verhältnis zum Vater wurde sehr intensiv. [...] Er hat keine Konstante in seinen emotionalen Bindungen [...]. Seine Versuche, die eigenen Gefühle zu kontrollieren, werden von Wutausbrüchen unterbrochen [...]. Auch wenn er angibt, viele Freunde zu haben, lassen sich in diesen Beziehungen ebenfalls Ambivalenzen erkennen ..."

Die Lebensgeschichten der Pseudopatienten wurden also ohne Absicht im Sinne ihrer Krankheitsdiagnosen interpretiert, denn in den zuvor beschriebenen Beziehungen finden sich keine auffälligen Ambivalenzen.

Auf ähnliche Weise wurden die Schreibaktivitäten der Pseudopatienten aufgenommen, die zur Dokumentation des Experimentes betrieben wurden. Das angeregte Gekritzel der Teilnehmer, die ihre Erlebnisse in den Psychiatrien minutiös festhielten, wurde vom medizinischen Personal als weiteres Indiz ihres krankhaften, obsessiven Verhaltens gesehen, obwohl es niemals nach dem Inhalt der Aufzeichnungen gefragt hatte. Das Hinnehmen scheinbar pathologischer Verhaltensweisen dürfte zum Zeitpunkt des Rosenhan-Experiments in den 1970er-Jahren zum Alltag in psychiatrischen Anstalten gehört haben und wurde nur selten hinterfragt. Wenn doch einmal jemand Interesse am Verhalten der Patienten und den Gründen für ihr Gebaren zeigte, offenbarten sich manchmal überraschende Motive: So antwortete ein Patient, der ruhelos durch die Gänge streifte, auf die Frage, ob er nervös wäre: „Nein, nur gelangweilt!" Sämtliche Aktivitäten der Patienten wurden im Sinne der einmal gefundenen Diagnose wahrgenommen, selbst wenn sie auf die Missstände in den Anstalten, unpassende Therapieversuche oder auf schiere Langweile zurückzuführen waren.

Nur eine Personengruppe ließ sich nicht von den als psychisch krank gebrandmarkten Pseudopatienten hinters Licht führen: die tatsächlichen Patienten, also jene Personen, die aus gutem Grund in den psychiatrischen Anstalten aufgenommen worden waren. Es dauerte nicht lange und sie bekundeten ihre Zweifel an der Geisteskrankheit der Teilnehmer des Rosenhan-Experiments. Viel eher unterstellten die echten Patienten ihnen journalistische oder wissenschaftliche Absichten oder sogar die Überprüfung der Anstalten.

>> Alltäglicher Nutzen des Rosenhan-Experiments

Das Rosenhan-Experiment ist nicht nur wegen seines abenteuerlichen Designs, das gut und gern in einem Hollywood-Remake auftauchen könnte, zu einem Klassiker der Psychiatriegeschichte geworden, sondern viel mehr wegen seiner weitreichenden Bedeutung für die gesamte Psychologie und Psychiatrie. Was ist gesund und was ist krank? Was bedeutet eine Diagnose eigentlich? Wie sieht das Leben in einer psychiatrischen Anstalt aus und könnte es Pathologien vielleicht sogar verstärken und festigen?

Rosenhan zeigte mit seinem Experiment eindrucksvoll, wie sehr Krankheitszuschreibungen das künftige Leben Betroffener mitbestimmen und das Verhalten ihrer Umgebung verändern. Insbesondere, wenn es um die Diagnose psychischer Erkrankungen geht, muss befürchtet werden, dass sie, anders als bei einer Erkrankung des Körpers, nur mehr schwer abgelegt werden kann. Die Annäherung an psychisch Kranke findet immer unter Bezugnahme auf diese Erkrankung statt. Sowohl die Angehörigen von Patienten als auch das medizinische Personal behandeln diese also auf eine ganz bestimmte, durch die Krankheit gefärbte Art und Weise und nehmen das Verhalten der Betroffenen auch immer nur durch diese „Krankheits-Brille" wahr. Dieser psychologische Effekt ist zwar anstrengend, wäre aber nicht weiter schlimm, wenn er nicht zur Folge hätte, dass sich auch die Patienten mit der Zeit nur mehr im Rahmen dieser einmal gefundenen Schemata wahrnehmen würden. Einfach gesagt: Behandelt Sie jemand lange genug, als wären Sie verrückt, werden Sie mit der Zeit höchstwahrscheinlich auch an Ihrem Verstand zu zweifeln beginnen und sich unwohl fühlen. Möglicherweise bestärkt die Diagnose also nicht nur das medizinische Personal darin, das Verhalten seiner Patienten innerhalb der Möglichkeiten dieser Zuschreibung zu interpretieren, sondern auch die Patienten, sich der Diagnose zu unterwerfen und sowohl ihr Benehmen als auch ihr Befinden entsprechend anzupassen. So könnten einmal getroffene Diagnosen dazu führen, dass sich ein Krankheitsbild während der Behandlung erst richtig entfaltet und Menschen schnell ihre neue Rolle als Patienten, die unter psychischen Erkrankungen leiden, annehmen.

Bis heute wird versucht, David L. Rosenhans Erkenntnisse mehr und mehr in konventionelle Behandlungspläne einzubinden, allerdings scheitert diese Eingliederung häufig an den strukturellen Bedingungen, in die psychiatrische Einrichtungen eingebettet sind. Zum einen sind Diagnosen aus organisatorischen Gründen von großer Bedeutung: Nur wenn die Diagnose feststeht, können psychiatrische Behandlungen von der Krankenversicherung übernommen werden. Außerdem ermöglichen sie den behandelnden Therapeuten, einen Behandlungsplan zu entwerfen und sich an anderen, ähnlichen Fällen zu orientieren. Nicht zuletzt ist es vielen Patienten ein Bedürfnis zu wissen, wie die Krankheit zu bezeichnen ist, unter der sie leiden, und schließlich erleichtert es die Kommunikation zwischen Arzt und Patienten und anderem medizinischem und therapeutischem Personal erheblich, wenn sich alle auf eine Kategorie beziehen können, unter der eine Vielzahl von Symptomen zusammengefasst wird.

Das hier beschriebene Experiment ermöglicht es, einen kleinen Blick in das Leben einer Psychiatrie der 1970er-Jahre zuzuwerfen. Beobachtungen wie, dass Patienten den Großteil ihres Aufenthaltes geflissentlich ignoriert werden, ihnen jeder Anspruch auf Privatsphäre abgesprochen wird (zum Beispiel durch fehlende Toilettentüren) und es immer wieder zu physischer und psychischer Gewalt gegenüber den Patienten kommt, haben zu einem Umdenken in den meisten modernen Einrichtungen für psychisch Kranke geführt und die Aufmerksamkeit des medizinischen Personals und auch der Öffentlichkeit für Missstände geschärft. Laut den Berichten der Versuchsteilnehmer konnte es schon vorkommen, dass sich eine Krankenschwester vor ihren Patienten entkleidete – nicht um zu verführen, sondern aus Gleichgültigkeit und Ignoranz ihren Schützlingen gegenüber, die für sie unsichtbar waren. Die Einnahme von Medikamenten wurde nur oberflächlich überwacht, solange die Bewohner der Anstalten sich unauffällig benahmen, weshalb die Pseudopatienten, wenn sie die ihnen zugeteilten Medikamente in den Toiletten entsorgen wollten, immer wieder die Reste von Tabletten anderer Bewohner fanden. Es scheint, als wären die Bewohner, sobald sie durch ihre Diagnose für den Rest ihres Lebens gebrandmarkt worden waren, zu einem Leben im Schatten ihrer Betreuer verdammt gewesen, die nur bei Auffälligkeiten auf ihr Verhalten reagierten und sie kaum als Persönlichkeiten wahrnahmen.

Diese Befunde waren natürlich alles andere als schmeichelhaft für die geprüften Anstalten, aber auch beleidigend für den gesamten Berufsstand. Rosenhan hatte mit seinem gewagten Experiment durch die Wahl der Mittel, um festzustellen, ob jemand geisteskrank ist oder nicht, die gesamte Diagnostik in Verruf gebracht. So ist es kaum verwunderlich, dass es nach der Publikation seiner Ergebnisse zu einem empörten Aufschrei der Psychologen und Psychiater kam, auf den Rosenhan mit dem ihm offenbar eigenen Humor reagierte. Er vereinbarte mit einer psychiatrischen Abteilung, die sich besonders verwundert über seine Ergebnisse zeigte und sich damit brüstete, dass es innerhalb ihrer Einrichtung nie zu solchen Irrtümern kommen könnte, dass er in einem Zeitraum von drei Monaten eine beliebige Zahl an Pseudopatienten vorbeischicken würde, die versuchen würden, die Abteilung zu infiltrieren. Das gesamte Personal, das mit den Patienten zu tun hatte – von den Oberärzten bis zu den Krankenpflegern –, wurde um eine Einschätzung gebeten. Von den 193 Patienten, die in dieser Zeit zur Aufnahme vorstellig wurden, wurden 41 Personen von mindestens einem Mitarbeiter der Anstalt Täuschungen unterstellt. 23 von ihnen wurden von zumindest einem der Psychiater verdächtigt. Tatsächlich hatte Rosenhan keinen einzigen Pseudopatienten eingeschleust.

Dieses Ergebnis wirft unzählige Fragen auf, die diskutiert werden könnten, die wichtigste Erkenntnis daraus ist aber: Bei dieser Streubreite an Ergebnissen konnte von einer präzisen oder gar verlässlichen Diagnostik in der Psychologie und Psychiatrie der 1970er-Jahre keine Rede sein.

Dank

Zur Entstehung dieses Buches haben folgende Personen erheblich beigetragen, bei denen ich mich herzlich bedanke:

Der Verlag Kremayr & Scheriau, insbesondere Mag. Martin Scheriau, der mir mit dem Vorschlag, ein Buch zu schreiben, die Erfüllung eines jener Kindheitsträume ermöglicht hat, die so groß sind, dass man als Erwachsener nicht einmal mehr heimlich an sie denkt.

Mag. Sonja Franzke, die die Entstehung dieses Buches verständnis- und humorvoll begleitet hat, und ohne deren Zeitplanung es mit großer Wahrscheinlichkeit übernächstes Jahr immer noch nicht fertig wäre.

Univ.-Prof. Gerhard Benetka, der mich nicht nur dazu ermutigt hat, dieses Projekt zu wagen, sondern auch die Idee zur inhaltlichen Ausrichtung dieses Buches hatte. Er hat mich mit Literatur unterstützt, mich vor dem allzu exzessiven Gebrauch von Superlativen bewahrt und Zeit gefunden, um mir regelmäßig sehr hilfreiches Feedback zu meinen Texten zu geben.

Meine Großeltern, die alle aufziehenden Krisen mit großen Vorräten an Tee und Schokolade, vielen Formulierungstipps, langen Gesprächen, aufmunternden Worten und fachlichem Rat verhindert haben.

Meine Mutter, die mit besonders großer Euphorie auf meine ersten Schreibversuche reagiert und sicherheitshalber ein Fach im Bücherregal für mich frei geräumt hat.

Mein Vater, der jeden Buchstaben aller Versionen sämtlicher Kapitel mindestens zweimal gelesen, pflichtschuldig über alle Witze gelacht hat und dieses Buch inzwischen wahrscheinlich auswendig kann.

Laurenz Pieber, für dessen unermüdliche Unterstützung mir die Worte fehlen.

Literaturverzeichnis

Bartlett, F. (1995). Remembering. Cambridge: Cambridge University Press.

Darley, J. & Latané, B. (1969). Bystander Apathy. American Scientist, 57 (2), 244–268.

Dutton, D. & Aron, A. (1974). Some evidence for heightened sexual attraction under conditions of high anxiety. Journal of personality and social psychology, 30 (4), 510.

Festinger, L., Riecken, H., Schachter, S. (2009). When Prophecy Fails. Eastford: Martion Publishing.

Harlow, H. (1958). The Nature of Love. American psychologist, 13 (12), 673.

Hartley, E. (1946). Problems in Prejudice. New York: Kings Crown Press.

Heider, F. & Simmel, M. (1944). An experimental study of apparent behavior. The American Journal of Psychology, 57 (2), 243–259.

Kellogg, W. & Kellogg, L. (1933). The Ape and the Child: a study of environmental influence upon early behavior. Zugriff am 9.1.2017 http://s-f-walker.org.uk/pubsebooks/pdfs/The-Ape-and-the-Child--Kelloggs.pdf

Loftus, E. & Palmer, J. (1974). Reconstruction of Automobile Deconstruction: An Example of the Interaction Between Language and Memory.

Journal of verbal learning and verbal behavior, 13, 585–589.

Milgram, S. (1963). Behavioral study of obedience. The journal of abnormal and social psychology, 67 (4), 371.

Pennebaker, J. & Sanders, D. (1976). American graffiti: Effects of authority and reactance arousal. Personality and Social Psychology Bulletin, 2 (3), 264–267.

Rosenhan, D. (1973). On Being Sane in Insane Places. Science, 179 (4070), 250–258.

Rosenthal, R. & Jacobsen, L. (1968). Pygmalion in the Classroom: Teacher Expectation and Pupil's Intellectual Development. New York: Rinehart and Winston.

Sherif, M., Harvey, O., White, B., Hood, W. & Sherif, C. (1954/1961). Intergroup conflict and cooperation: The Robbers Cave Experiment. Zugriff am 9.1.2017 http://psychclassics.yorku.ca/Sherif/index.htm

Tice, D. M. (1992). Self-concept change and self presentation: the looking glass self is also a magnifying glass. Journal of personality and social psychology, 63 (3), 435.

Zimbardo, P. (2007). Der Luzifer Effekt. Spektrum: Berlin.

Weiterführende Videos

Die meisten der in diesem Buch beschriebenen Experimente wurden sehr detailreich und gewissenhaft dokumentiert. Einige Wissenschaftler legten sogar Wert auf die filmische Begleitung ihrer Untersuchungen, weshalb heute so manches jahrzehntealtes Experiment für Interessierte immer noch gut nachvollziehbar ist. Im Folgenden finden Sie einige Links, die weiterführende Informationen über die hier dargestellten Versuche und Originalaufnahmen beinhalten:

Heider & Simmel, Animationen:
https://youtu.be/VTNmLt7QX8E

Harlows Experimente an Rhesusäffchen:
https://youtu.be/OrNBEhzjg8I

Milgrams Gehorsamexperiment:
https://youtu.be/ek4pWJ0_XNo

Kellogg & Kellogg, The Ape and the Child:
https://youtu.be/pwRgUKRA2iU

Zimbardos Stanford-Prison-Experiment:
http://www.prisonexp.org/german